海南自由贸易港建设中的

非物质文化遗产创造性转化和创新性发展研究

郑纯子／著

团结出版社

© 团结出版社，2025 年

图书在版编目（ＣＩＰ）数据

海南自由贸易港建设中的非物质文化遗产创造性转化
和创新性发展研究 / 郑纯子著 . 一北京：团结出版社，
2025.6. 一ISBN 978-7-5234-1771-3

Ⅰ . G127.66

中国国家版本馆 CIP 数据核字第 2025093DF2 号

责任编辑：郭　强
封面设计：书香力扬

出　　版：团结出版社
　　　　　　（北京市东城区东皇城根南街 84 号　邮编：100006）
电　　话：（010）65228880　65244790
网　　址：http://www.tjpress.com
E-mail：zb65244790@vip.163.com
经　　销：全国新华书店
印　　装：四川科德彩色数码科技有限公司

开　　本：145mm×210mm　32 开
印　　张：6.875　　　　　　　字　　数：133 千字
版　　次：2025 年 6 月　第 1 版　印　　次：2025 年 6 月　第 1 次印刷

书　　号：978-7-5234-1771-3
定　　价：58.00 元
　　　　　（版权所属，盗版必究）

前　言

　　海南自由贸易港的建设是中国深化改革开放的重要战略举措，作为国家对外开放的新高地，海南不仅肩负着经济发展的重大使命，更承担着文化创新与传承的历史责任。随着海南自由贸易港的崛起，如何将丰富的非物质文化遗产融入这一新时代的文化发展框架，成为一个不可忽视的课题。本书正是围绕这一主题展开，深入探讨了非物质文化遗产在海南自由贸易港建设中的创造性转化和创新性发展的路径与实践。

　　非物质文化遗产作为文化自信的重要体现，是中华文化的深厚基础，是中国走向世界的文化软实力的重要来源。自党的十八大以来，习近平总书记不仅系统阐述了非物质文化遗产的历史、文化和社会价值，还特别强调非物质文化遗产在国家文化强国战略中的重要地位。作为中华优秀传统文化的重要组成部分，非物质文化遗产承载着几千年的历史积淀与智慧[1]，代表了中华民

---

　　〔1〕　周洋.让非遗在新时代绽放迷人光彩［J］.文化月刊，2023，（02）：18-21.

族精神的根基，具有无可比拟的文化价值和社会功能。非物质文
化遗产不仅仅是历史的载体，更是文化自信的体现。保护和传承
非物质文化遗产，是实现中华民族伟大复兴的必由之路。

在习近平新时代中国特色社会主义思想的指引下，非物质文
化遗产的保护工作早已超越了传统的"保护"层面，成为推动社
会发展和文化创新的重要驱动力。习近平总书记明确提出，非物
质文化遗产应实现创造性转化和创新性发展。他强调，非物质文
化遗产的传承不能仅仅停留在形式上的保留，更要通过创新实现
其内容的现代化，融入现代社会的文化需求和时代精神，以增强
其生命力与影响力。这一理论创新为我国非物质文化遗产的保护
与创新提供了方向，并为新时代中国特色社会主义文化建设提供
了重要的理论支持。

习近平总书记始终拥有对中华文化深厚的历史情感和对现代
化进程中文化自信的坚定信念。他在多个场合，尤其是在文化建
设相关的重要讲话中，强调非物质文化遗产是"中华文化的瑰
宝""中华民族的宝贵财富"，不仅要珍视和保护，更要发挥其应
有的作用，以推动民族文化的创新与复兴。习近平总书记明确指
出，非物质文化遗产的保护，不仅是对历史文化的责任，也是我
们文化自信的重要体现，是推动文化自信走向全球的重要途径。
通过积极创新保护与发展，非物质文化遗产将成为推动社会主义
文化建设、促进中华文化走向世界的关键性力量。习近平总书记
的非物质文化遗产论述逐步转化为具体政策和行动指引。特别是
在推进文化繁荣、推动文化强国建设的过程中，非物质文化遗产

的保护和创新被赋予了更加重要的任务。习近平总书记提出，"积极推进文物保护利用和文化遗产保护传承，挖掘文物和文化遗产的多重价值，传播更多承载中华文化、中国精神的价值符号和文化产品"。通过加大非物质文化遗产的保护力度，并与现代文化产业、文化旅游等结合，促进文化的创造性转化和创新性发展。这一战略思维不仅为文化产业提供了源源不断的文化资源，也为现代社会提供了文化发展的新动力。

海南作为中国改革开放的前沿阵地，正处于新时代全面深化改革的战略机遇期。习近平总书记在2018年4月庆祝海南建省办经济特区30周年大会上提出，海南要走在全国改革开放的前列，成为新时代全面深化改革的标杆。在2022年4月，习近平总书记进一步提出，要加快建设具有世界影响力的中国特色自由贸易港，并将海南打造成展示中国风范的亮丽名片，这一战略目标对海南在文化上的发展提出了新的要求。习近平总书记在2022年4月的海南考察中强调，要"继续做强有机农产品生产、乡村旅游、休闲农业等产业，搞好非物质文化遗产传承"。非物质文化遗产不仅是海南文化的"名片载体"，更是"名片内容"的核心部分，对于提升海南文化软实力，推动海南自由贸易港建设具有重要意义。

海南自由贸易港的建设，不仅是国家经济布局的重要组成部分，也是国家文化战略的重要平台。海南是一个多民族聚居的省份，其中世居民族包括汉族、黎族、苗族和回族，其他民族则为中华人民共和国成立后迁入的居民，分布在全省各地。黎族是海南岛上最早的居民，至今依然在海南岛中部和南部的多个自治县和市中保持着其文化传统。海南的民族地区占全省陆地面积的48%。根据2022年末的统计数据，海南省少数民族人口为174.04万人，占全省户籍总人口的17.68%。其中，汉族人口占82.32%，黎族人口占15.67%，苗族人口占0.84%，回族人口占0.20%，壮族人口占0.44%，其他少数民族人口占0.54%。这些多样化的民族背景使得海南成为一个文化多元、民族风情丰富的地区，为海南自由贸易港的文化建设增添了独特的魅力和资源。尤其是在非物质文化遗产方面，海南有着独特的优势，拥有我国第一个成功从《急需保护的非物质文化遗产名录》转入《人类非物质文化遗产代表作名录》的黎族传统纺染织绣技艺，以及32项国家级非物质文化遗产等多项具有鲜明地方特色的非物质文化遗产。

在海南自由贸易港建设的过程中，非物质文化遗产的保护与创新发展成为海南文化战略中的重要组成部分。海南省的非物质文化遗产不仅包括传统技艺、民俗活动，还包括节庆文化、传统体育等，这些非物质文化遗产项目不仅是海南文化的历史象征，也是海南文化自信的重要体现。如何将这些非物质文化遗产与现代产业、现代技术相结合，是海南在新时代文化建设中的重要任务。海南积极推动黎族传统纺染织绣技艺、黎族传统体育等项目的现代化转化，通过创意设计和文化产业化的途径，使这些传统文化得以创新性传承，并推动地方经济的快速发展。海南在非物质文化遗产的保护中，注重将文化创新与产业发展相结合，推动文化资源的产业化、市场化，并与旅游业、教育产业等结合，形成产业链条。通过与旅游业的深度融合，海南的非物质文化遗产成为吸引游客、提升海南文化软实力的重要亮点。同时，海南还在推动非物质文化遗产的数字化转型，利用现代科技手段保护和传承传统文化，例如数字化展示黎族传统纺染织绣技艺、传统黎族体育和民间舞蹈等，使其在现代社会中焕发出新的活力。

《海南自由贸易港建设中的非物质文化遗产创造性转化和创新性发展研究》这本书正是围绕习近平文化思想展开，重点阐述了在海南自由贸易港建设的过程中，如何依托习近平的文化理念，推动海南的文化繁荣，尤其是在非物质文化遗产的保护及创造性转化和创新性发展方面的具体实践。本书通过系统的研究，结合海南实际情况，深入分析了海南省非物质文化遗产的现状、面临的挑战以及创造性转化和创新性发展的现实路径。书中不仅详细阐述了海南非物质文化遗产的保护与利用现状，还通过具体案例展示了非物质文化遗产在现代社会中的创新应用，如黎族传统纺染织绣技艺、黎族传统体育、非物质文化遗产与教育的融合等。这些案例的分析为非物质文化遗产的创造性转化和创新性发展提供了宝贵的经验，也为海南自由贸易港文化建设提出了切实可行的建议。此外，本书还将通过对非物质文化遗产创新转化的案例分析，深入探讨海南如何通过与现代产业的结合，推动传统文化产业化、市场化、国际化，提升其在世界文化市场中的竞争力。通过这些研究和分析，期望为海南乃至全国的非物质文化遗产保护提供有价值的实践经验和理论支持，为其他地区文化产业发展提供借鉴，并为中华文化在全球范围内的传播与发展贡献智慧和力量。

在全球化进程加快的今天，传统文化面临着前所未有的挑战，而海南通过推动非物质文化遗产的创新性发展，为全球文化传承与创新提供了新的范式。本书的研究不仅为海南省文化建设提供了理论依据，也为其他地区的非物质文化遗产保护与创新转化提供了参考。通过将文化创新与经济发展相结合，海南自由贸易港的文化建设展现了传统文化与现代社会相融合的巨大潜力和广阔前景。通过本书的研究，期望为非物质文化遗产的创造性转化和创新性发展提供新的理论视角，推动海南文化的现代化与全球化，为实现中华民族伟大复兴提供文化支撑，并助力中国在全球文化交流中的影响力提升。

目录

1. 研究背景与意义

1.1 研究背景

习近平总书记在党的二十大报告中对"推进文化自信自强，铸就社会主义文化新辉煌"作出了重要部署，报告指出，"中华优秀传统文化得到创造性转化、创新性发展，文化事业日益繁荣"。习近平总书记在主持中共中央政治局第三十九次集体学习时强调，文物和文化遗产承载着中华民族的基因和血脉，是不可再生、不可替代的中华优秀文明资源。非物质文化遗产作为中华优秀传统文化的重要组成部分[1]，它的传承和保护关乎文化血脉赓续，文化战略全局和中华民族复兴伟业。在 2024 年 4 月 16 日出版的第 8 期《求是》杂志中，习近平总书记发表了重要文章《加强文化遗产保护传承，弘扬中华优秀传统文化》。文章强调："推动中华优秀传统文化创造性转化、创新性发展，更要揭示蕴

---

〔1〕 张毅，袁新文，张贺，等. 保护好中华民族精神生生不息的根脉 [N]. 人民日报，2022-03-20 (01)．

含其中的中华民族的文化精神、文化胸怀和文化自信，为新时代坚持和发展中国特色社会主义提供精神支撑。要加强对国粹传承和非物质文化遗产保护的支持和扶持，加强对少数民族历史文化的研究，铸牢中华民族共同体意识。"

在海南建设有中国特色自由贸易港是习近平总书记亲自谋划、亲自部署、亲自推动的重大国家战略，是中国探索全面深化改革开放的重要制度尝试[1]，是我国"一带一路"倡议的重要支点。2022 年 4 月 13 日，习近平总书记在海南考察时指出，继续做强做大有机农产品生产、乡村旅游、休闲农业等产业，搞好非物质文化遗产传承[2]。截至 2024 年 6 月，海南省已拥有 32 项国家级非物质文化遗产代表性项目，103 项省级及以上非物质文化遗产代表性项目，398 项市县级及以上非物质文化遗产代表性项目。根据 2021 年末的户籍人口统计，海南省少数民族人口占全省总人口的 17.81%，拥有六个民族自治县和十个少数民族聚居镇。经过代代传承与发展，非物质文化遗产已成为海南自由贸易港人文精神的重要标识和文化生命的基因。习近平总书记强调"让海南成为展示中国风范、中国气派、中国形象的靓丽名片"，在这一过程中，非物质文化遗产不仅是海南文化的"名片载体"，更是"名片内容"的核心部分。

---

〔1〕 曹晓路，王崇敏. 建设自由贸易港的国际经验与海南路径 [J]. 国际贸易，2020（4）：8.

〔2〕 省人大常委会法工委省旅文厅. 健全保护传承制度，提升保护传承水平推动海南非遗创造性转化和创新性发展 [N]. 海南日报，2022-06-07（A08）.

1.2 研究意义

通过对海南非物质文化遗产的系统性调研、归纳梳理和综合评价，深入分析其保护与利用现状，能够显著丰富现有的研究内容。这一过程不仅能够全面展示海南省非物质文化遗产的种类、特点和文化价值，还能为学术界提供翔实的数据和案例，填补海南非物质文化遗产研究中的空白，增强研究的深度和广度。

首先，通过细致的调研与归纳，可以建立起海南非物质文化遗产资源的详尽档案，有助于全面了解其种类、分布及传承现状。这些基础性数据为非物质文化遗产的保护与管理工作提供了科学决策的坚实依据。同时，深入的综合评价将揭示海南非物质文化遗产在经济、社会和文化等方面的多重价值，拓展非物质文化遗产研究的视角，推动跨学科的交叉研究。

其次，在创造性转化和创新性发展研究领域，本研究将探索非物质文化遗产与现代科技、文化创意产业以及市场需求相结合的新模式，提出科学合理的保护与利用路径。通过总结实践案例和提升理论认知，为非物质文化遗产的现代化发展提供新思路，推动其在新时代背景下的创新性发展。

最后，通过对海南省非物质文化遗产保护与利用现状的深入分析，有助于揭示其中存在的问题和挑战，并提出针对性的解决方案和政策建议。这些研究成果不仅对海南省的非物质文化遗产

保护与利用具有指导意义，也能为其他地区提供有益的借鉴和
参考。

综上所述，通过对海南非物质文化遗产的调研、归纳与综合
分析，不仅能够丰富海南省乃至全国的非物质文化遗产研究内
容，还能拓宽创造性转化和创新性发展研究领域，推动非物质文
化遗产的创造性转化和创新性发展。这一研究具有重要的学术价
值和实践意义。

1.3 研究方法

本研究旨在通过文献梳理、理论辨析、现实考察和实证分析
等多种方法，全面探讨海南非物质文化遗产创造性转化和创新性
发展的现状及其发展路径。具体研究方法如下：

首先，运用文献研究法对现有相关理论和研究成果进行系
统梳理。通过筛选和分析大量文献，识别出具有代表性和重要
性的个案，进而构建本研究的分析框架。文献梳理不仅为理论
分析提供了坚实的基础，也为现实考察和实证分析奠定了理论
依据。

在现实考察阶段，采用田野调查和焦点小组访谈的方法，深
入了解海南非物质文化遗产创造性转化和创新性发展所取得的成
绩与面临的困境。焦点小组访谈邀请了相关领域的专家学者、非
物质文化遗产传承人及政府官员等，围绕创造性转化和创新性发
展过程中存在的主要问题展开深入讨论。通过这些方法，获取第

一手的现实数据和经验，为海南非物质文化遗产的创造性转化和创新性发展提供切实依据。

此外，运用案例分析和比较分析的方法，对国内外具有代表性的非物质文化遗产创造性转化和创新性发展案例进行深入研究和对比。通过比较不同地区、不同文化背景下的成功经验与教训，提炼出可借鉴的经验和关键特点，旨在为海南非物质文化遗产的创造性转化和创新性发展提供切实可行的建议，并为海南自由贸易港建设中的文化遗产保护与创新发展提供科学依据。

1.4 文献综述

自党的十八大以来，"创造性转化和创新性发展"作为文化发展的基本方针，受到了广泛关注并成为学界深入研究的重要议题。系统梳理国内外学者的研究成果可以发现，"两创"理论不仅为传统文化的转型与发展提供了清晰路径，还在文化传承、社会治理、技术赋能等多个领域取得了显著成效。早在 20 世纪 70 年代，林毓生首次系统阐释了创造性转化（creative transformation）的概念，强调传统文化需要通过现代化的解读与重构，在保留文化认同的基础上适应时代需求[1]。陈卫平（2018）和姜辉（2021）从哲学角度探讨了"创造性转化和创新性发展"的

---

[1] 陈来."创造性转化"观念的由来和发展 [N]. 中华读书报，2016-12-07（05 版）.

理论根基，认为这一思想融合了辩证唯物主义与历史唯物主义[1]，将批判性继承与文化创新有机结合，为文化的动态发展提供了深刻的理论支撑[2]。在创造性转化和创新性发展研究的内涵与实践路径的理论研究方面，朱晓鹏（2017）明确指出，创造性转化侧重于将传统文化核心价值进行现代化解读，而创新性发展则旨在拓展文化内涵与形式，使其更好地适应现代社会的需求[3]。高长武（2018）进一步分析了文化延续性与变革性的统一性，强调文化转化需要注入符合时代发展的新内容，以实现传统文化的创造性传承[4]。在政策推动与社会治理中的应用方面，徐光木和江畅（2019）指出，习近平新时代中国特色社会主义思想是"创造性转化和创新性发展"理论实践的典范，例如将传统民本思想转化为"以人民为中心"的发展理念，这一实践充分彰显了传统文化在现代社会治理中的独特价值[5]。周丽琳（2023）总结了"创造性转化和创新性发展"在文化数字化、教育传播和社会主义核心价值观建设等方面的应用成就，认为这些实践有效

〔1〕 姜辉．"两个结合"是马克思主义中国化的必然途径［J］．当代中国史研究，2021，28（05）：4-9+150．

〔2〕 陈卫平．社会主义核心价值观：优秀传统文化的传承和升华［J］．上海师范大学学报（哲学社会科学版），2018，47（05）：13-20．

〔3〕 朱晓鹏．论从传统文化到现代文化的创造性转化［J］．中共浙江省委党校学报，2017，33（06）：109-115．

〔4〕 高长武．马克思主义与中华优秀传统文化的结合［J］．山东干部函授大学学报，2018，（04）：43．

〔5〕 徐光木，江畅．习近平总书记对中华优秀传统文化的创造性转化和创新性发展［J］．思想理论教育，2019，（02）：38-44．

推动了建设社会主义文化强国[1]。近年来，技术赋能成为两创研究的热点。林春逸（2020）研究了大数据在传统文化传播中的应用，提出通过数字化手段可以增强传统文化的吸引力和影响力，进一步拓宽文化传播的边界[2]。国内的非物质文化遗产研究涵盖多个领域，包括法学研究、历史与文化研究、社会学分析以及保护机制的构建等。近年来，学者们围绕非物质文化遗产的法律保护、文化价值、社会作用、教育传播及产业化发展等方面展开了深入研究，并提出了诸多具有实践价值的观点。在法律保护方面，王如如（2020）针对我国非物质文化遗产法律保护的不足之处进行了评述，建议通过立法完善、行政管理优化及社区参与等多方手段，加强非物质文化遗产的保护体系建设[3]。陈雅忱（2021）对中国非物质文化遗产名录制度进行了系统分析，指出名录不仅是对非物质文化遗产项目的认证工具，还涉及传承人认定、项目评审及文化保护政策制定等法律保护机制的构建[4]。在文化价值层面，非物质文化遗产被视为民族文化的精髓，其传承与发展关乎文化身份认同与民族自信心的塑造。刘道广（2007）探讨了非物质文化遗产在现代化进程中的传承问题，特

〔1〕 周丽琳. 党的十八大以来中华优秀传统文化"两创"研究 [D]. 广西师范大学，2023.

〔2〕 刘世文. 创新与发展：新时代中国文论的创新发展方式与路径选择——2019 年中国文艺理论学会理事会暨学术研讨会综述 [J]. 文艺理论研究，2020（5）：3.

〔3〕 王如如. 非物质文化遗产的知识产权保护 [D]. 黑龙江大学，2020.

〔4〕 陈雅忱. 非物质文化遗产名录制度研究 [D]. 湖南大学，2021.

别关注传统技艺的衰退现象及相应保护措施的实施路径[1]。高
丙中和赵萱（2014）则分析了文化自信与非物质文化遗产保护的
关系，认为非物质文化遗产是增强民族文化自信的重要载体，通
过挖掘、传承和弘扬非物质文化遗产文化，可以进一步提升民族
自豪感与文化凝聚力[2]。从社会学视角来看，非物质文化遗产
不仅承载着文化记忆，也在推动社会发展方面发挥着重要作用。
黄捷（2020）提出，非物质文化遗产的传承不仅涉及技艺的延
续，还包括传统社会价值观念的传播与社会结构的稳定，体现了
文化的动态传承与社会功能的有机结合[3]。在教育传播领域，
非物质文化遗产在教育中的作用逐渐受到关注。张婷婷（2021）
研究了如何通过教育系统提高公众对非物质文化遗产的认知度，
特别是在学校和社区中普及非物质文化遗产知识，增强社会对非
物质文化遗产保护的责任意识。张玲（2022）通过对非物质文化
遗产的教育活动进行评估，提出应加强非物质文化遗产教育的互
动性和体验感，让更多人特别是年轻一代通过实践参与加深对传
统文化的理解，促进传统文化的传承与创新[4]。产业化发展是
当前非物质文化遗产研究中的一个重要议题。赵学义和关凯

〔1〕 刘道广.保护与发展的矛盾［C］//2006年文化遗产保护与旅游发展
国际研讨会.2007.
〔2〕 高丙中,赵萱.文化自觉的技术路径：非物质文化遗产保护的中国意义
［J］.中南民族大学学报（人文社会科学版），2014，34（3）：7-12.
〔3〕 黄捷.非物质文化遗产传承人保护法律制度研究［D］.广西民族大学，
2020.
〔4〕 张玲.湖南浏阳：积极探索"红色资源+"创新发展路径［N］.中国
文化报，2022-11-19（003）.

（2010）通过对少数民族非物质文化遗产的研究，探讨了如何借助旅游业和文化创意产业推动非物质文化遗产的经济转型[1]。近年来，随着文化产业的发展，非物质文化遗产逐渐融入地方经济发展体系，成为地方经济的重要组成部分。孙九霞等（2023）研究了非物质文化遗产与地方经济的结合方式，指出通过创造性转化和产业化发展，非物质文化遗产不仅能得到更有效的保护，还能促进地方经济的可持续增长[2]。在区域研究方面，学者们逐步将研究视角聚焦于特定地区的非物质文化遗产保护与发展策略。例如，赵伦娜和张渊彧（2024）研究云南少数民族的非物质文化遗产保护，提出通过政策支持与地方文化活动相结合，推动非物质文化遗产的活态传承[3]。霍晓丽（2018）则在铜仁市非物质文化遗产研究中，探讨了文化旅游以及品牌化运营在非物质文化遗产转型与保护中的实践路径[4]，为区域性非物质文化遗产发展提供了借鉴。

在非物质文化遗产的创造性转化与创新性发展研究方面，国内学者的研究主要分为个案研究和区域研究。个案研究聚焦于具体非物质文化遗产项目的现代传承与创新路径，而区域研究则关

〔1〕 赵学义，关凯. 政策视野中的少数民族非物质文化遗产 [M]. 民族出版社，2010.

〔2〕 孙九霞，张凌媛，罗意林. 共同富裕目标下中国乡村旅游资源开发：现状，问题与发展路径 [J]. 自然资源学报，2023，38（2）：318-334.

〔3〕 赵伦娜，张渊彧. 政府视角下少数民族"非遗"保护与传承研究——以云南省为例 [C] //2024 年人文与科技主题研讨会论文集. 2024.

〔4〕 霍晓丽. 非物质文化遗产在旅游产业中的实践研究——以黔东民族地区铜仁市为例 [J]. 铜仁学院学报，2018，20（11）：7.

注非物质文化遗产如何在地方文化建设与经济发展中发挥作用。

在具体非物质文化遗产项目的研究中，学者们围绕不同项目的创新性发展路径进行了深入探讨。朱鸿韬（2023）研究了土家族摆手舞的现代传承方式，指出通过数字化推广与文化教育活动，该舞蹈得以在更广泛的群体中传播，实现了传统民俗与现代社会的有效融合[1]。张盼盼（2022）以余杭纸伞制作技艺为例，分析其在现代文化创意产业中的应用，强调通过设计创新与品牌化推广，余杭纸伞成功完成了从传统手工艺向现代工艺品的转型[2]。在潍坊风筝的个案研究中，邱纯伟（2022）指出，潍坊风筝依托国际风筝会等文化活动，结合文化旅游，既促进了风筝文化的传承，也推动了地方经济的发展，实现了文化与经济的双赢[3]。张晓玲（2018）则研究了乳源瑶绣的现代化发展路径，认为通过与时尚设计的深度结合，瑶绣成功吸引了年轻一代的关注，为这一传统技艺注入了新的活力[4]。关于黎川舞白狮的研究，张思涵（2022）发现，通过非物质文化遗产进校园、进社区等实践活动，舞白狮的传承基础得到了显著夯实，增强了其在当代社会的生命力[5]。

---

〔1〕 朱鸿韬. 人—人工智能协同的非遗舞蹈动态视觉形象设计研究 ［D］. 北京印刷学院，2023.

〔2〕 张盼盼. 传统技艺类非遗"两创"研究 ［D］. 浙江师范大学，2022.

〔3〕 邱纯伟. 传统工艺与现代生活融合的"两创"路径研究——以潍坊风筝为例 ［J］. 浙江工艺美术，2022（10）：166-168.

〔4〕 张晓玲. 乳源瑶绣的传承与创新 ［D］. 广东技术师范大学，2018.

〔5〕 张思涵. 黎川舞白狮在非遗文创产品设计中的应用研究 ［D］. 南昌大学，2022.

在区域层面，学者们重点关注非物质文化遗产如何在地方文化建设与经济发展中发挥更大作用。例如，广西壮族自治区探索非物质文化遗产与乡村振兴的结合路径。李斯颖（2021）指出，广西壮族自治区通过文化赋能经济，推动非物质文化遗产产业化发展，为乡村振兴提供了新动力[1]。在城市非物质文化遗产品牌建设方面，伏婧（2018）研究了南京市的非物质文化遗产品牌塑造问题，认为秦淮地区的非物质文化遗产文化创意品牌应注重传统文化内涵与现代设计理念的融合，以提升品牌市场竞争力，使非物质文化遗产更具商业价值[2]。张筱禹（2023）则探讨了江苏省非物质文化遗产的创造性转化和创新性发展对地方文化形象塑造的重要性，提出通过数字化传播与文旅融合，江苏的非物质文化遗产文化在提升地方文化认同感与吸引力方面发挥了积极作用[3]。吴鹏宏、林静和钱张帆（2022）以上海市为例，分析了上海如何通过政策支持和技术创新，为非物质文化遗产保护提供新的发展思路。这种政府与科技双轮驱动的模式，为非物质文化遗产的现代化发展提供了重要借鉴[4]。

当前的文献研究大多集中于个案的讨论，缺乏从个案到整体的系统性研究分析。尽管许多学者已注意到手工艺在面临传统与

---

〔1〕 李斯颖 . 少数民族非遗资源的"两创"实践与乡村振兴——以广西为例 [J]. 社会科学家，2021，（07）：57-63.

〔2〕 伏婧 . 秦淮非遗文创品牌设计思考 [J]. 新美术，2018，39（12）：3.

〔3〕 张筱禹 . 江苏非物质文化遗产品牌化传播的媒介创新与实施途径 [J]. 文化产业，2023（2）：128-130.

〔4〕 吴鹏宏，林静，钱张帆 . 重塑非遗生命力——上海特色非遗保护的创新实践 [J]. 非遗传承研究，2022（4）：9-10.

创新、文化与经济等矛盾时的挑战，但对于这些矛盾如何在具体实践中得到有效应对的探讨仍显不足。

在海南自由贸易港建设的研究中，现有文献主要聚焦于战略定位、政策制定、营商环境、数据安全和社会认同等多个领域。刘云刚、刘玄宇和王宇渠（2024）基于"点—轴系统"理论，提出海南自由贸易港的发展应超越传统的陆域思维，尤其应从岛屿经济体的视角审视海南的发展潜力。他们强调海南在全球、国家和区域层面的空间作用，并倡导建立一个多维度的经济复合"点—轴系统"，以促进陆、岛、海的协同发展[1]。在数字经济背景下，刘云亮与段怡帆（2024）聚焦数据安全，认为保障数据流动的安全性是自由贸易港数字经济成功的关键。他们指出，海南应在确保数据安全的基础上扩大开放，创新数据安全制度，推动跨境数据流动的国际化[2]。从国际视野出发，吴坚和黄海蓉（2024）认为海南自由贸易港应发挥全球文明倡议的示范作用，成为推动文明交流和促进人类文明进步的重要平台，特别是在推动全球文明互鉴与包容性发展方面，应走在全国前列[3]。朱一丹（2023）关注海南岛居民对自贸港建设的认同问题，提出岛居民的认同感受到认知、情感和行为倾向等多方面因素的影响。她

〔1〕 刘云刚，刘玄宇，王宇渠．基于"点—轴系统"理论的海南自由贸易港发展战略探讨［J］．地理学报，2024，79（12）：3050-3062.

〔2〕 刘云亮，段怡帆．国际数据贸易规则下的数据安全法律制度构建——以海南自由贸易港为例［J］．山东社会科学，2024（5）：156-163.

〔3〕 吴坚，黄海蓉．海南自贸港建设国际教育创新岛的机遇、挑战与路径［J］．南海学刊，2024，10（2）：70-79.

建议，通过加强宣传教育、满足居民利益需求、强化情感认同等途径，提升岛居民的支持与参与意识[1]。此外，马欣彤（2022）从优化营商环境的角度分析了海南自由贸易港建设面临的机遇与挑战。她指出，海南应通过构建服务型政府、提升政务效率、优化法律体系等手段改善营商环境，并针对诚信体系建设不足、人才短缺等挑战，借鉴国际成熟自由贸易港的经验[2]。

在国际研究方面，Chen 等（2018）通过实证分析提出，自由贸易港作为港口与陆地区域的融合体，必须充分发挥港口在全球贸易中的战略地位，并通过与周边区域产业的互动，形成独特的发展模式[3]。这为海南自由贸易港的未来发展提供了理论支持。Deng 等（2017）强调，自由贸易港的政策环境和业务功能是吸引外资的关键因素。他们认为，自由化政策不仅提升了货物贸易的便利性，还在服务贸易、投资流动和人才引进等方面具有显著优势[4]。Huang 等（2018）则指出，尽管自由贸易港在促进经济增长、吸引外资和提升国际竞争力方面发挥了重要作用，但其较高的管理和运营成本也不可忽视。这要求在自由贸易港建设过程

〔1〕 朱一丹. 海南岛居民自由贸易港建设认同问题研究［D］. 海南师范大学，2023.

〔2〕 马欣彤. 海南自贸港优化营商环境的机遇、挑战及策略研究［D］. 吉林财经大学，2022.

〔3〕 Chen J, Wan Z, Zhang F, et al. Evaluation and comparison of the development performances of typical free trade port zones in China［J］. Transportation research part A：policy and practice，2018，118：506-526.

〔4〕 Deng X, Wang Y, Yeo G T. Enterprise perspective-based evaluation of free trade port areas in China［J］. Maritime Economics & Logistics，2017，19：451-473.

中，必须平衡开放度与成本之间的挑战〔1〕。

国内学者也对海南自由贸易港的建设意义、面临的挑战以及国际经验进行了深入分析。崔卫杰（2017）认为，海南自由贸易港是应对经济全球化和国内经济转型的重要战略举措，将为海南本地经济注入新的增长动力〔2〕。朱福林（2020）进一步分析了海南自由贸易港建设过程中所面临的基础设施和产业发展瓶颈，指出解决这些问题是提升海南自由贸易港全球竞争力的关键所在〔3〕。借鉴新加坡、迪拜等国际自由贸易港的成功经验，郭澄澄（2017）认为，海南可以通过优化金融服务、完善税收政策等措施，加快自贸港建设步伐，提升其国际吸引力〔4〕。

综上所述，海南自由贸易港的建设面临诸多挑战，尤其是在基础设施完善、产业结构优化、国际人才引进及社会认同等方面仍需进一步突破。然而，海南凭借其独特的区位优势和强有力的政策支持，如能充分借鉴国际成功经验，特别是在税收政策、产业布局和法治建设等方面进行优化调整，必将加快建设步伐，推动其成为中国对外开放的重要战略平台。

──────────

〔1〕 Huang D, Neequaye E N, Banahene J, et al. A comparative analysis of effective free trade zone policies in Ghana: a model from shanghai free trade zone [J]. Open Journal of Business and Management, 2018, 6 (4): 900-922.

〔2〕 崔卫杰. 正确认识自由贸易港的发展方向 [J]. 海外投资与出口信贷, 2017, (06): 8-12.

〔3〕 朱福林. "十四五"期间中国特色自由贸易港建设思路与路径 [J]. 国际贸易, 2020, (04): 14-22.

〔4〕 郭澄澄. 新加坡从全球自由贸易港转型为全球创新中心的启示 [J]. 华东科技, 2017, (04): 46-49.

　　海南省的非物质文化遗产涵盖多个领域，尤其在民间艺术、传统技艺、节庆活动和传统体育等方面，展现了独具特色的地域文化。其中，黎族作为海南的主要民族之一，其非物质文化遗产尤为丰富，具有深厚的历史积淀和独特的民族特色。在黎族非物质文化遗产的研究方面，韩馨娴（2019）指出，黎族传统纺染织绣技艺的织品深刻展现了黎族文化的独特性，她梳理了黎族传统纺染织绣技艺的历史背景及其在现代社会中的保护与传承方式，强调黎族传统纺染织绣技艺的文化价值及其与其他黎族民间艺术之间的相互联系[1]。邵青（2022）进一步探讨了黎族传统手工艺的传承困境，特别是黎族传统纺染织绣技艺和树皮布制作技艺在现代社会面临的挑战。她提出，数字化技术的应用能够更高效地保存和传播这些非物质文化遗产，为黎族传统手工艺的传承提供新的机遇，尤其是在信息可视化设计和数字化平台建设方面[2]。符永新（2020）从非物质文化遗产的视角对海南黎族的传统体育文化进行了深入分析。他提出，黎族的传统体育项目，如传统竞技和节庆活动，正面临逐渐消失的风险，并强调了保护和传承这些传统体育文化的重要性。黎族传统体育不仅是文化认同的体现，还在健康、娱乐及民族团结方面发挥了重要作用。针对当前乡村经济发展滞后、传承人才匮乏等问题，他建议通过加强传承体系建设、完善政策支持等措施，推动黎族传统体育文化

〔1〕 韩馨娴. 黎锦的保护与传承现状研究［D］. 北京服装学院，2013.
〔2〕 邵青. 海南黎族传统手工艺数字化保护与传承研究［D］. 海南师范大学，2022.

的保护与发展[1]。

在海南省非物质文化遗产教育研究方面，李子（2022）探讨了非物质文化遗产在高中历史教育中的应用。他梳理了国内外非物质文化遗产教育的研究现状，并指出，尽管海南省在该领域的探索起步较晚，但已逐步在部分学校实践推广。例如，通过纪录片、现场教学等方式，学生能够直观感受并深入了解黎族传统艺术与技艺。李子强调，非物质文化遗产教育不仅有助于增强学生的文化认同感，还能激发他们的创新思维与实践能力。他进一步提出，海南省应推动多方协作，联合学校、文化机构及相关专家，共同开发具有地方特色的校本教材，完善非物质文化遗产教育体系，以更好地促进传统文化的传承与创新[2]。

在海南少数民族节日民俗文化研究方面，曾月等（2024）从知识共享的视角探讨了其传播方式，并提出"共创、共享"是民族文化认同与可持续发展的关键，研究分析了海南少数民族节日民俗文化的独特传播特质，认为其不仅具有鲜明的原生态特色，还蕴含丰富的文化内涵与多元表现形式。研究指出，海南的少数民族节日文化，如黎族的"三月三节"和苗族的花山节等，已通过地方性传播和社交媒体等多元渠道获得广泛关注。这些节日不仅承载着民族历史与文化记忆，也在现代社会中发挥着增强文化

---

[1] 符永新．非物质文化遗产视角下海南黎族传统体育文化保护与传承研究 [D]．江西理工大学，2020.

[2] 李子．海南省乡土非物质文化遗产在高中历史教学中的运用 [D]．西南大学，2022.

认同、促进文化交流的重要作用。基于此，研究进一步提出，应加大对民族节日文化的保护力度，同时加强品牌塑造，通过文化创意和旅游融合等方式，推动海南少数民族节日文化的可持续发展[1]。

在海南海洋民俗文化研究方面，曾婷（2019）从海洋文化的视角探讨了海南丰富的民俗文化资源，特别是与海洋息息相关的生活习俗与节庆文化。研究指出，海南的海洋民俗文化不仅承载着当地渔民世代相传的生产生活智慧，还与区域文化和历史文化紧密相连，为海南增添了独特的文化魅力。然而，研究也揭示了海南海洋民俗文化在开发过程中所面临的挑战，主要包括保护不足与开发过度的矛盾。一方面，部分海洋民俗文化因缺乏有效的保护措施，正面临着衰退甚至消失的风险；另一方面，过度商业化开发可能导致文化原真性的丧失，削弱其独特价值。基于此，研究提出，应在文化保护与合理开发之间寻求平衡，通过政策支持、数字化记录、文化旅游融合等方式，推动海南海洋民俗文化的可持续传承与发展[2]。

在海南传统技艺的创新保护方面，张彤（2024）在其研究中强调，海南的传统技艺作为非物质文化遗产，具有重要的历史和文化价值。然而，随着社会的发展，这些技艺面临着传承困难和

〔1〕 曾月，周彦儇，周天旻. 海南少数民族节日民俗文化的传播特质与传播策略研究——基于知识共享视角〔J〕. 南海学刊，2024，10（03）：66-75.
〔2〕 曾婷. 海南海洋民俗文化的积淀与传承〔J〕. 湖北开放职业学院学报，2019，32（16）：181-182+185.

市场需求变化等问题。张彤总结了海南在自贸港建设过程中推动非物质文化遗产创新保护的策略，提出应通过加强人才队伍建设、促进文化与旅游的融合发展，以及利用数字媒体等新兴传播形式来创新传统技艺的保护方式。他认为，这些措施不仅能有效保护传统技艺，还能赋予其新的生命力，使其在现代社会中焕发出独特的魅力[1]。

综上所述，前人的研究主要聚焦于海南非物质文化遗产的保护与传承，尤其是在数字化技术应用、创新保护、文化传播与旅游开发等方面。尽管海南在推动非物质文化遗产保护方面取得了一定进展，但仍面临诸多挑战，亟须在现代技术与传统文化的结合上寻求新的解决路径。这些研究为未来海南非物质文化遗产的持续保护与发展提供了宝贵的经验和理论支持，为进一步提升海南文化软实力、推动文化遗产的可持续传承奠定了坚实基础。

为了确保海南的非物质文化遗产在当代社会中继续繁荣，海南在创造性转化和创新性发展的方向上进行了多方面的探索。例如，许桑桑（2022）提出，黎族树皮布作为海南传统的非物质文化遗产技艺，面临现代化冲击和传承困难。她认为，树皮布的保护不仅依赖传统手工技艺，还应与现代设计结合进行创新转化。她总结了树皮布文创产品设计的关键方法，包括提炼地域特色图案、保持传统技艺的同时融入现代设计元素，并借助现代技术进

---

〔1〕 张彤. 海南传统技艺类非物质文化遗产的创新保护 ［J］. 长春教育学院学报，2024，40（2）：78-82.

行创新[1]。这种设计方法不仅推动了树皮布文化的传播，也为非物质文化遗产的保护提供了新的思路。韩营彪（2024）在研究海南龙塘雕刻艺术的保护时指出，3D 技术的应用为非物质文化遗产的创新保护提供了极大的助力。他强调，通过 3D 扫描和 3D 打印技术，可以数字化传承海南龙塘雕刻艺术，避免传统雕刻技艺的失传。同时，3D 技术的应用为雕刻艺术提供了更高效、安全的制作环境，并能将这些艺术品以虚拟形式呈现，拓展了其传播的空间和可能性[2]。张唯儒（2024）探讨了数字媒体艺术设计在海南非物质文化遗产保护和传承中的作用。他指出，数字化采集、存储和展示是非物质文化遗产保护中的关键环节。海南的民间舞蹈、传统音乐、黎族传统纺染织绣技艺等手工艺品，都通过数字媒体技术得到了更好的保护和传承。数字化展示不仅提升了非物质文化遗产的可见度，还增强了受众对传统文化的认同感[3]。吴涵（2024）研究了海南非物质文化遗产类短视频内容的生产与传播，特别是在抖音等平台上的应用。他发现，短视频作为一种快速传播工具，成功地将海南的非物质文化遗产项目推向了更广泛的受众。通过生活化、多元化的表达方式，这些短视频不仅展示了非物质文化遗产技艺，还通过互动与情感共鸣增强

〔1〕 许桑桑.海南黎族树皮布非遗文创产品设计研究［J］. 设计艺术研究，2022，12（2）：142-146.

〔2〕 韩菅彪.3D 技术在海南非遗创新数字化保护与推广中的应用研究——以海南龙塘雕刻艺术为例［J］. 新美域，2022，（06）：98-100.

〔3〕 张唯儒.基于数字媒体艺术设计的海南非遗保护与传承研究［J］. 玩具世界，2024，（02）：92-94.

了观众的参与感和认同感[1]。黄玉婷（2021）在其研究中提到，海南丰富的非物质文化遗产资源为研学旅游提供了优质的素材。将海南的黎族非物质文化遗产文化、海洋文化等融入研学旅游项目中，不仅能提高学生的文化认同感，也为非物质文化遗产的保护和传承开辟了新的途径。通过设计适合学生的研学旅游产品，海南的非物质文化遗产文化能够在年轻一代中得到更好的传播和体验[2]。周雅文（2023）通过探讨黎族刺绣在现代童装中的应用，展示了非物质文化遗产在当代设计中的转化潜力。她强调，黎族刺绣不仅可以保留其传统特色，还能通过现代服饰设计中的创新应用（如色彩、图案和工艺的现代化设计）焕发新的生命。这种转化不仅提升了传统文化的市场价值，还增强了当地人民对民族文化的认同感和自信心[3]。王强（2022）提出，海南自由贸易港的建设为海南非物质文化遗产文化的创新性发展提供了新的平台。他认为，海南可以通过将崖州民歌等非物质文化遗产项目与乡村振兴战略相结合，推动其在文化旅游、地方品牌塑造以及民族认同感的塑造方面发挥更大作用。他强调，政府政策的支持和市场需求的结合是非物质文化遗产创新发展的关键[4]。

————————————

〔1〕 吴涵. 海南非物质文化遗产类短视频的内容生产研究［D］. 海南师范大学，2024.

〔2〕 黄玉婷. 海南研学旅游产品开发策略研究［D］. 海南热带海洋学院，2021.

〔3〕 周雅文. 非遗传承视角下海南黎族刺绣在现代童装中的设计实践［D］. 海南师范大学，2023.

〔4〕 王强. "非遗"保护传承视野下的崖州民歌发展对策研究［D］. 南昌大学，2022.

　　总体而言，海南在非物质文化遗产的创新保护上已进行了一系列尝试，涉及数字技术应用、文创设计、现代传播方式以及文化与旅游融合等多个方面。通过这些探索，海南为非物质文化遗产的传承与发展提供了多元化的解决方案，并为其他地区的文化遗产保护提供了有益的借鉴。

2. 相关概念及理论基础

2.1 非物质文化遗产的定义及内涵

非物质文化遗产（Intangible Cultural Heritage）的概念并非一开始就明确存在，而是经历了一个渐进的发展过程。

20世纪50年代至60年代，随着人类学和民俗学在全球范围的迅速发展，学者们纷纷深入各地社区，展开了广泛而深入的田野调查。这个时期的学术风潮强调文化多样性和文化相对主义，推动人类学家和民俗学家以开放和理解的态度探索不同社会的独特文化现象。学者们尤其关注那些通过口头传承、表演、节庆等形式延续的文化实践，尽管这些文化表现形式缺乏具体的物质载体，但它们在当地社区中往往发挥着至关重要的社会功能，是维系群体认同和历史传承的重要力量。

通过深度参与和细致观察，学者们逐渐意识到，无形文化不仅是日常生活的一部分，还是传递价值观、巩固社会纽带的重要途径。例如，英国人类学家爱德华·伊万斯-普里查德（Edward

Evans-Pritchard）在对非洲阿赞德部族研究中，通过亲身体验他们的社会生活，详细记录了口头传说和巫术仪式等文化实践。他发现，这些文化形式不仅仅是娱乐或仪式性的表演，而且在规范社会行为、维系社会秩序方面发挥着核心作用。通过神话传说和仪式活动，阿赞德人将世代相传的伦理道德和信仰传递给年轻一代，使整个族群在精神上保持紧密联系。

法国人类学家克洛德·列维-斯特劳斯（Claude Lévi-Strauss）在巴西对亚马孙河流域土著部落的调查中，深入研究了他们的神话体系和祭祀仪式。列维-斯特劳斯发现，这些土著社会的神话不仅仅是简单的故事，而且是一种隐喻的表达方式，通过这些象征性叙事，人们将自然现象、社会关系和群体认同结构化地传达出来。列维-斯特劳斯的结构主义理论进一步揭示了无形文化的深层功能——它不仅是传递知识的工具，也是构建社会共识、强化群体纽带的重要方式。他的研究表明，这些神话与仪式的价值远超其表面表现，它们与族群的生存智慧、集体记忆和社会规范深度交织在一起。这一发现促使学术界重新思考文化遗产的保护方向，逐渐认识到无形文化在社会功能和文化传承中的重要性，并认识到它们具有不可替代的社会价值和研究意义。

在亚洲，日本民俗学家柳田国男（Kunio Yanagita）深入日本农村，对口头传说、节庆活动和民间信仰进行了系统性的田野调查。他将这些口头传承视为"民众的心灵史诗"，认为它们不仅是对过去生活的生动记录，更承载着日本乡村社区的社会价值观和伦理道德。通过广泛收集和记录这些口头文化，柳田国男试图揭示出日本民众的集体记忆和精神世界，并强调了口头文化在维系社区凝聚力、传承文化传统方面的重要作用。在柳田国男的影响下，日本学界对口头文学、地方节庆和传统技艺的关注日益深入。这些无形文化遗产不仅被视为学术研究的重要对象，更被视为日本民族身份认同的重要组成部分〔1〕。这种对传统文化的重视，不仅推动了日本对非物质文化遗产的保护工作，也激发了民众对地方文化的认同感和归属感。柳田国男的学术思想不仅在日本产生了深远影响，也对东亚其他国家的研究者产生了启发，促进了整个亚洲地区对非物质文化遗产的关注与保护。

在美洲，学者们也对印第安人的无形文化表现形式进行了深入研究。美国人类学家玛格丽特·米德（Margaret Mead）在研究北美印第安部落时，关注到他们的节庆活动、宗教仪式和口头传说如何通过代际传承，将生态知识和道德观念传递给年轻一代。米德发现，印第安文化中关于自然界的丰富知识常常体现在仪式和故事中，这些文化形式不仅是精神生活的体现，更是教导下一代如何与自然环境和谐相处的智慧。米德敏锐地察觉到，这些承载着丰富生态知识和道德观念的文化形式，在现代化浪潮的冲击下正面临着消亡的危机〔2〕。她呼吁社会各界重视并保护这些宝贵的非物质文化遗产。米德的研究成果不仅丰富了人类学研究，更引发了学术界对无形文化保护的深入思考。人们逐渐意识到，

〔1〕 马兴国. 日本民俗学的开拓者柳田国男［J］. 日本研究，1985（2）：4.
〔2〕 德里克·弗里曼. 玛格丽特·米德与萨摩亚：一个人类学神话的形成与破灭［M］. 商务印书馆，2008.

无形文化不仅具有艺术和审美价值，更在维系社区、传承知识、促进人与自然和谐相处等方面发挥着不可替代的作用。

这些深入的田野调查和文化研究，深刻揭示了无形文化在人类社会中的独特价值，促使学术界重新审视了无形文化在社会结构中的重要地位。无形文化不仅是知识的载体，更是维系社会关系、塑造文化认同的重要纽带。

在许多传统社区中，神话、传说、节庆活动和手工艺等文化形式充当着构建集体记忆和促进社会整合的重要工具。通过无形文化的表现，群体的核心价值观和行为准则得以代代相传，使得群体在面对外部挑战时，能够依靠共同的文化背景形成集体应对策略。这种社会功能的认识使学者们意识到，仅仅通过记录和分析无法实现真正的文化保护，无形文化需要在其原始社会环境中得以维持和延续，才能真正发挥其深远作用。

此外，随着技术进步，学者们的记录手段也愈发多样化，利用录音、录像和摄影等设备，更好地保存了许多珍贵的文化表现形式。这些技术手段使无形文化的声音和图像得以真实保存，尤其在口头文学、宗教仪式和传统表演艺术的记录上，学者们留下了大量生动的音像资料。这些音像资料生动地记录了无形文化的形象特征，为后世研究者提供了宝贵的一手资料，极大地丰富了无形文化研究的深度和广度。这些技术手段的引入，不仅推动了无形文化研究的深入，更促进了人们对无形文化保护重要性的认识。通过这些直观生动的影像资料，人们能够更深刻地体会到无形文化的多样性和丰富性，从而激发对传统文化的尊重和保护意

识。同时，这些资料也为国际社会开展无形文化保护合作提供了
坚实的科学基础，促进了全球范围内对无形文化多样性的重视。

通过深入的田野调查和学术研究，人们逐渐意识到，文化遗
产并不仅仅局限于有形的物质遗存，如建筑、文物和遗址，还包
括那些活态存在的、无形的文化内容。这一认识的转变，促使学
术界开始关注并重视无形文化遗产的保护。这些早期研究为日后
国际社会建立起完善的非物质文化遗产保护框架奠定了坚实的
基础。

学者们通过对不同文化群体的田野调查，深入挖掘并揭示了
无形文化在社会认同、文化传承和群体凝聚力等方面所发挥的不
可替代的作用。这些宝贵的田野调查数据和理论探索，为"非物
质文化遗产"这一概念的形成提供了丰富的知识积累和实践经
验，推动了人们对文化多样性以及文化遗产保护重要性的深刻
认识。

20 世纪 50 年代至 60 年代的研究不仅揭示了无形文化的丰富
多样性和其在社会生活中的重要作用，更深刻地揭示了无形文化
在现代化进程中所面临的严峻挑战。工业化和全球化的浪潮席卷
全球，传统社会结构遭受了前所未有的冲击。许多依赖口头传承
和实践维系的无形文化形式，如民间故事、传统手艺、宗教仪式
等，面临着失传的危机。

学者们的田野调查发现，现代化带来的生活方式变迁，如城
镇化加速、传统职业衰落、宗教信仰淡化等，直接导致了无形文
化传承断裂。年轻一代的价值观念和生活方式的转变，使得传统

文化难以在新的社会环境中找到生存空间。无形文化的消亡不仅仅意味着艺术和传统的流失，更意味着社区历史、集体记忆和文化认同的逐渐淡化，进而影响到整个社会的文化多样性。

正是在这样的背景下，人类学和民俗学的研究成果为无形文化遗产的保护提供了坚实的学术基础。这些研究成果不仅揭示了无形文化的重要价值，更凸显了保护无形文化遗产的紧迫性。随着学术界对无形文化重要性的共识不断增强，无形文化遗产保护逐渐被纳入国际文化保护的议程，并受到各国政府和国际组织的高度重视。

与此同时，这一时期的学术研究还深入挖掘了无形文化在塑造跨代联系、维系社会稳定方面的独特作用。学者们在全球范围内，尤其是在非洲、亚洲和美洲的田野调查中发现，口头传承不仅是传统知识和技艺的载体，更是教育、社会规范和文化认同的重要途径。

通过参与神话、传说和仪式的传承，年轻一代不仅掌握了生存技能和行为规范，更深切地认同了族群的历史和文化价值。以东非马赛族为例，年轻的牧民通过聆听祖先的传说，不仅学会了与自然和谐共处，还建立了对部族历史和传统的深厚情感。法国人类学家克洛德·列维-斯特劳斯的结构主义分析有力地证明了，这些神话和传说不仅是生动的叙事，更是蕴含着深层社会结构和认知模式的文化符号[1]，是无形文化价值观的核心

---

〔1〕 徐伟鹏. 列维-斯特劳斯结构人类学视域中的美感论研究 [D]. 江西师范大学，2019.

体现。

此外，研究表明，无形文化遗产的实践性和适应性是其得以生生不息的关键所在。不同于静态的物质文化遗产，无形文化遗产是"活态"的、动态的，其传承与发展离不开人们的实际参与和创造性实践。这种活态特性使得无形文化能够随着社会环境、观众需求的不断变化而进行调整和创新。例如，东亚地区的传统戏剧，如日本的能剧和歌舞伎，正是通过不断地根据观众的兴趣和时代潮流调整故事情节、表演形式等，才得以历经数百年而不衰。这种与时俱进的适应性不仅增强了无形文化遗产的生命力，也深刻反映了其与社区生活的紧密联系。

20 世纪 50 年代至 60 年代的学者们深入研究了无形文化在社会整合中的重要作用。他们发现，无形文化通过节庆活动、宗教仪式和社会习俗等多种形式，将社区成员紧密联系在一起，强化了集体记忆和共同价值观。例如，拉丁美洲的传统节日"帕瓦"（Powwow）不仅是人们庆祝丰收和宗教的盛会，更是社区成员表达文化归属感、加强社会凝聚力的重要平台。美国人类学家玛格丽特·米德的研究表明，印第安人的节庆活动不仅是简单地对自然崇拜的庆典，更蕴含着深厚的生态智慧，为社区的可持续发展提供了文化基础。

此外，这一时期的研究还发现，无形文化在面对现代化带来的文化冲击时，展现出强大的适应性和韧性。尽管传统社会受到工业化和全球化的冲击，但无形文化通过其灵活性和深厚的情感根基，成功抵御了外来文化的同化。以日本和韩国为例，传统手工艺和表演艺术在现代化浪潮中一度面临挑战，但通过政府的支持和社会的重视，不仅得以保存，而且焕发了新的生机。这充分说明了无形文化不仅是历史的遗存，更是应对社会变革的重要文化资源。

同时，这一时期学者们积极利用录音、录像和摄影等技术手段，对无形文化进行了系统的记录和研究。这些技术手段的应用，使得学者能够更全面、更深入地了解无形文化的表现形式和内涵。例如，法国民俗学家曾深入欧洲乡村，对传统节庆中的音乐和舞蹈进行了详细的录音记录。美国的人类学家则利用录像技术，生动地记录了印第安人的神圣宗教仪式。这些宝贵的音像资料不仅为后来的学术研究提供了第一手资料，而且为许多濒危的文化形式的传承和推广开辟了新的途径。更重要的是，这些技术手段使学术界深刻认识到，无形文化遗产的保护不仅仅局限于内容的保存，更需要关注其独特的表现形式和在社会生活中的功能。

20世纪50年代至60年代的学术研究从多维度深入挖掘了无形文化的丰富内涵和重要价值。研究成果表明，无形文化并非孤立的传统技艺或表演形式，而是深深植根于社区，是凝聚人心、传承历史、塑造认同的重要载体。这一时期，学者们的辛勤耕耘为无形文化遗产保护提供了坚实的理论基础和实践经验，推动了国际社会对无形文化保护的重视，并为"非物质文化遗产"这一概念的提出奠定了基础。这些研究强调，无形文化的价值不仅体现在其形式的美学魅力上，更在于其在塑造社会规范、传承生态智慧、构建共同认同等方面的独特作用。无形文化是社区的灵魂，是连接过去与未来、人与自然的纽带。这种深刻的学术认识为后来的国际保护行动提供了理论指导，促使各国政府和国际组织将无形文化遗产保护纳入议事日程。

随着对文化多样性认识的不断深化，联合国教科文组织（United Nations Educational，Scientific and Cultural Organization）逐渐将目光从传统的物质文化遗产保护转向无形文化遗产。最初，联合国教科文组织的文化保护工作主要聚焦于历史建筑和考古遗址等物质载体。然而，随着学术界对口头传承、仪式活动、社会习俗和表演艺术等无形文化形式的深入研究，人们逐渐认识到，这些无形文化才是许多文明的核心和灵魂，承载着人类深厚的历史记忆、伦理观念、宗教信仰和社会秩序。

为了应对无形文化面临的生存危机，联合国教科文组织从 20 世纪 50 年代开始，积极推动无形文化保护的国际化进程。1952 年，联合国教科文组织在文化政策会议上首次提出"口头传统和民间文化"的概念，标志着国际社会开始系统地关注无形文化的保护需求。1957 年，联合国教科文组织举办的"口头文学和传统表演艺术"专题研讨会，进一步推动了国际社会对无形文化保护的讨论。这些早期会议为日后无形文化遗产的保护奠定了基础，标志着无形文化保护从学术讨论走向国际文化政策的初步探索阶段。

联合国教科文组织对无形文化遗产的关注并非偶然，而是源于对全球文化多样性面临严重威胁的深刻认识。在工业化和全球化的浪潮下，许多传统社会的无形文化遗产正加速消亡。联合国教科文组织通过深入的实地调研和学术研究发现，无形文化遗产的丧失不仅意味着某些传统技艺或表演形式的消失，更意味着人类宝贵的文化多样性、集体记忆和智慧的严重流失。例如，在非洲的一些地区，随着西方教育和宗教的渗透，许多地方语言的口头文学和宗教仪式正面临失传的危机。类似的现象在拉丁美洲、亚洲和欧洲的许多农村地区也普遍存在。联合国教科文组织深刻认识到，这些无形文化不仅是各地区文化独特性和创造性的体现，更是人类共同的文化财富，其保护具有重要的文化和社会意义。

联合国教科文组织在无形文化遗产保护的早期阶段，重点在于建立坚实的保护基础和推动深入的学术研究。在技术手段方面，联合国教科文组织积极倡导各国利用当时新兴的录音、录像和摄影设备，对口头文学、传统音乐、舞蹈等无形文化遗产进行系统记录。这一倡议极大地推动了全球范围内对无形文化遗产的保护工作。众多学者深入非洲、美洲和亚洲的农村地区，对地方故事、民间传说和仪式表演进行了详尽的记录，为这些珍贵的文化遗产留下了宝贵的第一手资料，为后续的保护政策制定提供了坚实的数据支撑。与此同时，联合国教科文组织积极探索国际合作机制，推动无形文化遗产保护的全球化进程。20世纪60年代初，联合国教科文组织在世界各地举办了一系列区域性文化研讨会，汇集了来自不同国家的文化学者、政策制定者和社区代表，共同探讨无形文化遗产保护所面临的挑战和应对策略。例如，在

亚洲的一次区域性会议上，与会者提出，应将无形文化遗产保护
与地方教育和社区发展紧密结合，以确保传统文化在现代社会中
得以传承。这些富有成效的讨论，显著提升了国际社会对无形文
化遗产保护的重视程度，使其逐渐成为全球文化政策的重要
议题。

此外，联合国教科文组织在早期阶段还积极开展了广泛的文
化宣传和公众教育活动。通过出版一系列关于传统音乐、民间故
事等无形文化遗产的研究报告和举办专题展览，联合国教科文组
织向全球公众生动地展示了无形文化遗产的多样性和独特价值，
不仅激发了学术界对无形文化遗产研究的热情，更促使普通公众
深刻认识到保护文化多样性的重要性。这些努力为无形文化遗产
保护奠定了坚实的社会基础，为后续的国际性保护框架的建立提
供了有力的支撑。

尽管联合国教科文组织在早期阶段的探索尚处于起步阶段，
但这些努力为日后构建完善的国际保护框架奠定了坚实基础。联
合国教科文组织不仅显著提升了国际社会对保护无形文化遗产重
要性的认识，更推动了文化遗产保护理念从单纯关注物质文化向
物质与非物质文化并重的全面转变。通过持续关注全球文化多样
性，联合国教科文组织逐渐明确了无形文化遗产在文化遗产保护
体系中的核心地位，为后续制定更为系统、全面的国际保护公约
积累了宝贵的实践经验。

联合国教科文组织对无形文化的早期关注标志着文化保护理
念的一次重大革新。通过积极推动学术研究、引进先进技术、深

化国际合作并广泛开展公众教育，联合国教科文组织成功将无形文化从边缘议题推向了国际文化政策的核心。尽管这一时期的保护框架尚不完善，但其所提出的诸多保护理念和实践方法为后来的非物质文化遗产保护工作奠定了坚实基础，为 2003 年《保护非物质文化遗产公约》的诞生铺平了道路。这一阶段的工作充分证明了无形文化在维护文化多样性、促进社会凝聚力以及激发人类创造力方面的不可替代作用，使其逐渐成为全球文化保护不可或缺的重要组成部分。

1972 年，联合国教科文组织通过了《世界文化和自然遗产保护公约》（Convention Concerning the Protection of the World Cultural and Natural Heritage），这是世界文化遗产保护的一个里程碑，标志着国际社会对文化和自然遗产保护的正式承认和承诺。《世界文化和自然遗产保护公约》提出了世界遗产的保护框架，并明确了各国在文化遗产和自然遗产保护方面的责任。尽管该公约主要集中在有形文化遗产上，如历史遗址、建筑物和自然景观等，但其所蕴含的理念和原则为后来的非物质文化遗产保护奠定了坚实的基础。公约的核心思想在于，文化遗产是全人类共同的宝贵财富，保护文化遗产不仅是各国自身的责任，更是全球共同的责任。这一理念的提出，促使各国开始重新审视文化遗产的内涵，认识到除了有形物质，文化和传统本身也需要得到保护和传承。虽然公约并未直接提及非物质文化遗产，但其通过强调文化遗产的多样性和独特性，为非物质文化遗产保护提供了重要的理论依据。公约指出，文化遗产不仅是国家和民族历史的见证，更是人类社会文化交流与认同的重要载体。在《世界文化和自然遗产保护公约》的推动下，文化遗产保护逐渐成为全球关注的焦点，各国之间的合作交流日益密切，国际社会共同承担起保护世界文化遗产的责任。然而，随着全球化的加速，许多传统文化形式面临着失传的危机。国际社会逐渐意识到，除了有形的历史遗产，非物质文化遗产，如语言、民间艺术、传统技艺、节庆习俗等，同样是世界文化遗产不可或缺的重要组成部分。这些非物质文化遗产承载着各国、各民族独特的文化身份和价值观念。

因此，1972 年《世界文化和自然遗产保护公约》虽然当时未能具体涵盖非物质文化遗产，但它对文化遗产保护的全球化和系统化推动起到了启蒙作用，并促使国际社会逐步关注和重视非物质文化遗产的保护问题。这个公约通过强调文化遗产的全球重要性和跨代传承的价值，为后续的非物质文化遗产保护工作打下了坚实的基础。随着《世界文化和自然遗产保护公约》的实施和各国对文化遗产保护的持续重视，全球范围内的非物质文化遗产保护工作逐步展开。

1972 年通过的《世界文化和自然遗产保护公约》虽然最初并未将目光聚焦于非物质文化遗产，但它在推动世界文化遗产保护事业发展方面发挥了不可替代的作用。公约通过强调文化遗产的全球价值和代际传承的重要性，为世界各国开展文化遗产保护工作提供了共同遵循的原则和框架，为后续非物质文化遗产保护的深入开展奠定了坚实基础。在《世界文化和自然遗产保护公约》的积极影响下，国际社会对文化遗产保护的意识显著增强，各国政府和相关机构纷纷采取措施，积极参与到文化遗产保护的实践中来。随着全球范围内对文化多样性的重视程度不断提高，人们逐渐认识到非物质文化遗产作为人类文明的重要组成部分，在维护文化多样性、传承民族文化、促进社会和谐等方面发挥着不可替代的作用。

《世界文化和自然遗产保护公约》虽然主要针对有形文化遗产，但其所倡导的保护理念和合作精神为非物质文化遗产保护提供了宝贵的经验和启示。在公约的框架下，国际社会逐渐意识到，保护文化遗产不仅是保护建筑物、遗址等有形载体，更重要的是保护蕴含其中的文化价值、传统技艺和知识体系。

1989 年，联合国教科文组织第 25 届大会通过的《关于保护传统文化与民间创作的建议》（Recommendation on the Safeguarding of Traditional Culture and Folklore）标志着国际社会对非物质文化遗产保护的关注进入了一个新的阶段。《关于保护传统文化与民间创作的建议》首次明确提出，会员国应将具有象征意义和精神价值的"非物质文化遗产"作为保护的重点，并呼吁各国政府通过立法手段来保障民间文化的生存与发展。《关于保护传统文化与民间创作的建议》对"传统文化"和"民间创作"进行了清晰的界定，强调了这些文化形式不仅具有深厚的历史和艺术价值，更在维护文化认同、巩固社会结构和增强民族凝聚力方面发挥着不可替代的作用。传统文化和民间创作是民族生活方式、信仰体系和历史经验的集中体现，是文化多样性的重要组成部分。通过对这些文化形式的传承与保护，不仅能够留住宝贵的文化遗产，还能增强社区和民族的文化自信，提升民族认同感。《关于保护传统文化与民间创作的建议》深刻认识到全球化和现代化对传统文化构成的严峻挑战，随着现代消费文化的冲击，许多地方性文化正面临着被同化的危险，传统的艺术形式、技艺和习俗也面临着失传的危机。为了应对这一挑战，《关于保护传统文化与民间创作的建议》呼吁各国政府和文化机构采取切实有效的保护措施，确保传统文化和民间创作在现代社会中得以生生不息。这些措施包括：制定相关法律法规，加强教育宣传，提供充足的资金支持，鼓励社区积极参与等。通过这些手段，传统文化和民间创作不仅能够适应现代社会的发展，而且能够保持其独特的文化特色和生命力。

此外，《关于保护传统文化与民间创作的建议》强调，非物质文化遗产的保护不能仅仅停留在静态的物质保存层面，更重要的是关注其"活态传承"。换句话说，非物质文化遗产的保护不仅在于形式上的保存，更在于通过积极的实践和创造性的转化，使其在当代社会中焕发新的生机。这一观点为后来的非物质文化遗产保护工作提供了重要的理论基础，强调了传承与创新相结合的重要性。非物质文化遗产应在保持传统特色的基础上，不断注入新的时代内涵，使其在当代社会中继续发挥积极作用。

1997 年，联合国教科文组织在摩洛哥马拉喀什召开的会议上，提出了"人类口头与非物质文化遗产"这一重要概念，并通过了《人类口头与非物质文化遗产工作条例》（Proclamation of Masterpieces of the Oral and Intangible Heritage of Humanity）。该条例明确指出，人类口头与非物质文化遗产的范畴广泛，不仅包括传统的口头文学、表演艺术和民间信仰，还涵盖了传统技艺、节庆活动、民间医学等多种多样的文化实践。这些非物质文化遗产形式通过口耳相传和日常生活的实践得以代代相传，生动地反映了一个民族的历史、文化和社会结构。

该会议还强调了非物质文化遗产的"活态性"这一关键特征。非物质文化遗产不是一成不变的过去，而是通过当代社区和群体的积极参与，不断创造、演变和发展的动态文化现象。《人类口头与非物质文化遗产工作条例》倡导加强地方和社区在非物质文化遗产保护中的参与度。各国政府应通过立法、提供资金支持、开展教育活动等多种方式，鼓励社区积极参与到文化遗产的传承和创新中。同时，要尊重非物质文化遗产的多样性，倡导文化的包容性和可持续发展，避免过度保护或商业化带来的负面影响。这一观点颠覆了传统上对文化遗产的静态保护观念，强调了非物质文化遗产的保护应与当代社会相结合，通过创新和实践，使其焕发新的生机。这一理念为后来的非物质文化遗产保护工作奠定了坚实的基础，推动了文化保护与创新实践的有机结合。

2003 年 10 月 17 日，联合国教科文组织大会在巴黎通过了《保护非物质文化遗产公约》（Convention for the Safeguarding of the Intangible Cultural Heritage），标志着非物质文化遗产保护事业进入了一个全新的发展阶段。这一里程碑式的国际文书为各国提供了共同遵循的原则和规范，促使全球范围内的非物质文化遗产保护工作更加系统化、规范化。

该公约明确了非物质文化遗产的概念，将其界定为口头传统、表演艺术、社会实践、仪式、节庆、知识和技能等，以及与之相关的工具、实物、产品和文化空间，强调这些文化形式不仅承载着历史记忆，更在当代社会中发挥着重要的社会功能。

其次，公约提出，非物质文化遗产的保护应当尊重其活态传承性。也就是说，非物质文化遗产不仅是历史的遗物，更是在现代社会中持续演变和创新的文化形式。因此，保护工作应鼓励和支持社区、群体和个人的积极参与，确保这些文化形式能够在当代社会中继续发挥其文化、社会和经济价值。

公约倡导非物质文化遗产的活态传承，鼓励社区、群体和个人的积极参与，使其在当代社会中不断发展。同时，公约强调国际合作在非物质文化遗产保护中的重要性，提出通过跨国界、跨文化的合作，促进各国分享经验、资源和技术，共同推动非物质文化遗产的保护与传承。为此，公约设立了《人类非物质文化遗产代表作名录》（List of Intangible Cultural Heritage），旨在提高全世界对非物质文化遗产的认识，并为列入名录的项目提供国际支持。

公约要求各国政府采取积极措施，制定相关法律法规，为非物质文化遗产的保护提供法律保障。同时，强调社区在非物质文化遗产保护中的主体地位，鼓励政府、民间组织和个人共同参与，形成保护合力。为了加强对发展中国家的支持，公约倡导国际社会提供技术援助、资金支持和能力建设，帮助发展中国家更好地保护本国的非物质文化遗产。

　　自《保护非物质文化遗产公约》通过以来，联合国教科文组织积极推动各国开展非物质文化遗产的普查与评估工作，并为各国政府制定保护政策和项目提供了有力的支持。通过这一国际合作平台，许多承载着人类文明智慧的非物质文化遗产项目被成功列入《人类非物质文化遗产代表作名录》，得到了国际社会的广泛关注和认可。

　　中国政府始终高度重视非物质文化遗产保护工作，通过建立名录制度等一系列有效措施，对丰富的文化资源进行了系统性的记录和传承。中国的非物质文化遗产保护实践不仅彰显了亚洲文化的独特魅力，更以其丰富的经验为全世界非物质文化遗产保护事业贡献了中国智慧，为构建人类命运共同体提供了有益借鉴。

　　中国一直以来积极参与世界文化遗产保护事业。作为《保护非物质文化遗产公约》的缔约国，中国不仅通过制定《中华人民共和国非物质文化遗产法》为非物质文化遗产提供了坚实的法律保障，而且建立了完善的"国家、省、市、县"四级名录体系。这一体系不仅符合国际公约的要求，也为中国非物质文化遗产的系统性保护提供了有力支撑。

　　从世界文化遗产保护的历程来看，保护的范围逐渐从有形文化遗产扩展到了无形的文化传统。随着《保护世界文化和自然遗产公约》和《保护非物质文化遗产公约》的相继问世，国际社会对非物质文化遗产的保护日益重视。中国作为文化遗产大国，其非物质文化遗产保护工作也经历了从物质到非物质的转变。

自 1982 年《中华人民共和国文物保护法》颁布以来，中国一直致力于物质文化遗产的保护。然而，随着对文化多样性认识的深化，中国政府开始将目光转向非物质文化遗产的保护。2003 年被认为是中国非物质文化遗产保护的元年。作为联合国教科文组织的创始成员国之一，中国积极参与世界文化遗产保护合作，并于 2004 年加入《保护非物质文化遗产公约》，同时发布了相关实施方案，首次提出全国范围内建立"民族民间文化保护目录"。这一行动标志着中国非物质文化遗产保护的正式起步。

2005 年，国务院发布了多项重要政策文件，明确要求建立和完善非物质文化遗产名录制度，并为名录建设、评审和传承人认定提供了具体指导。2006 年，《国家级非物质文化遗产保护与管理暂行办法》的出台，进一步细化了保护管理措施。2011 年，《中华人民共和国非物质文化遗产法》的颁布，标志着中国非物质文化遗产保护进入了一个全新的法治化阶段。该法明确了名录的法律地位和管理机制，为非物质文化遗产的长期保护提供了坚实的法律保障。

综上所述，中国的非物质文化遗产保护工作经历了从无到有、从小到大、从分散到系统的过程。通过积极参与国际合作，制定相关法律法规，建立完善的保护体系，中国在非物质文化遗产保护方面取得了显著成就，为全世界非物质文化遗产保护事业作出了重要贡献。

根据《保护非物质文化遗产公约》的定义，非物质文化遗产是指被各群体、团体、有时为个人所视为文化遗产的各种实践、表演、表现形式、知识体系和技能及其有关的工具、实物、工艺品和文化场所。这些遗产随着时间的推移不断演变创新，是人类社会与自然环境相互作用的产物。非物质文化遗产不仅承载着文化的记忆，更是一种活态的文化现象，它不仅丰富了人类文化的多样性，也促进了不同文化之间的交流与融合。

根据中国国务院 2005 年发布的《关于加强我国非物质文化遗产保护工作的意见》，非物质文化遗产指各族人民世代相承、与群众生活密切相关的各种传统文化表现形式和文化空间。具体包括：民间文学艺术、传统表演艺术、民俗活动、传统手工艺技能、有关自然界和宇宙的知识和实践等。

《中华人民共和国非物质文化遗产法》所定义的非物质文化遗产，指的是各民族世代相传的，作为其文化传承一部分的各种传统文化表现形式，以及与这些文化表现形式相关的实物和场所。具体包括以下几类：传统口头文学及其承载语言；传统美术、书法、音乐、舞蹈、戏剧、曲艺和杂技；传统技艺、传统医学和历法；传统礼仪、节庆等民俗活动；传统体育项目和游艺活动；其他形式的非物质文化遗产。

2.2 创造性转化和创新性发展理论

中华优秀传统文化的创造性转化和创新性发展思想，深深根植于中国悠久的历史文化传统中，同时也是近代以来社会发展与现代化进程中应运而生的必然选择。这一思想的提出有着清晰的历史脉络，其形成不仅体现了中国传统文化的延续与自我更新的能力，也反映了文化在社会变革中的核心作用。从数千年的历史积淀到近现代的深刻反思，再到新时代中国特色社会主义文化建设中的理论创新，"两创"思想贯穿了中华文化发展的过去、现在与未来。

中华优秀传统文化的发展历程，是一个不断适应社会变迁和外部环境的动态过程。在中国历史的各个阶段，传统文化凭借其强大的内在生命力，不断演进与更新，以应对不同时期的挑战和需求。这种文化的适应性与创新能力，为后来的"创造性转化、创新性发展"思想奠定了坚实的历史基础。

早在春秋战国时期，中国进入了剧烈的社会变革阶段，诸侯割据、社会动荡使得旧的宗法制度逐步瓦解。在这样的历史背景下，"百家争鸣"成为文化思想发展的高峰。孔子的儒家学说主张通过道德修养与礼仪制度恢复社会秩序，其核心思想"仁、义、礼、智、信"不仅为当时的政治实践提供了指导，还为后世奠定了文化与道德的根基。与此同时，老子的道家学说则强调顺应自然、无为而治，提出"道法自然"的哲学思想，为个人的精神自由和生活方式提供了独特的思维方式。墨子的"兼爱非攻"则倡导普遍的社会责任和非暴力原则，在社会伦理和政治实践中提出了不同于儒家的解决方案。这一时期的思想多样性和竞争性展现了文化在社会剧变中的适应能力，通过不同思想体系对问题的回应，为后世文化的发展注入了兼收并蓄的活力。

　　进入汉代后，"罢黜百家，独尊儒术"成为国家政策，儒家思想被确立为中国传统文化的主导。这一政策不仅是对春秋战国时期思想多元化的回应，也是应对社会稳定需求的制度化解决方案。汉代统治者将儒家伦理与国家法律相结合，使文化成为社会治理的重要工具。儒家经典如《论语》《尚书》等被编纂为官学教材，推动了文化教育的普及和推广。此阶段不仅实现了思想的整合，还通过制度化与教育化巩固了文化的社会地位。然而，汉代的文化发展并非完全排斥其他思想。道家与法家思想在一定程度上得以保留，并在实际政治中与儒家形成互补关系。例如，汉武帝时期的"黄老之术"提倡无为而治，与儒家强调积极入世的理念形成鲜明对比，适应了不同历史阶段的社会需求。这种文化整合的实践展现了中国传统文化通过吸纳和融合不同思想流派，实现演进与适应的独特能力。

　　魏晋南北朝时期，中国再次进入社会动荡与民族融合的阶段。随着中原政权更替与北方少数民族的南迁，文化在冲突与融合中不断寻找新的发展方向。佛教自两汉传入后，在这一时期得到了大规模传播。佛教对于生死、轮回等问题的独特解释，为战乱时期的社会提供了心灵的慰藉和信仰的支持。与此同时，儒家文化在佛教与道教的影响下，开始出现新的发展趋势。例如，玄学作为这一时期的重要思想流派，吸收了道家和儒家的哲学思想，试图通过思辨和解构为文化发展寻找新的路径。这一时期的文化演进还体现为对传统价值观的深刻反思与重新审视。士人阶层逐渐强调个性自由和精神追求，这一转变在艺术、文学和哲学领域表现尤为突出。从《世说新语》中的记载可以看出，士人开始追求超越功名利禄的生活态度。这种精神上的探索不仅为唐宋时期的文化创新奠定了基础，也体现了中华文化在面对社会动荡时的自我调整和适应能力。

隋唐时期，中国进入了大一统的稳定局面，经济繁荣、民族融合和对外交流的扩大，使得文化迎来了新的高峰。唐代科举制度以儒家经典为核心，为传统文化的传播与巩固提供了制度支持。然而，唐代文化并未局限于儒家思想，而是通过广泛吸纳外来文化不断丰富自身。例如，佛教在这一时期达到了鼎盛，并与道教和儒家思想相融合，形成了具有中国特色的佛教思想体系，尤其是禅宗的兴起。唐代也是中外文化交流的黄金时期。丝绸之路不仅促进了经济贸易的繁荣，还使得西域、印度、中东等地的文化对中国传统文化产生了深远的影响。音乐、绘画、建筑等艺术形式中大量吸收了外来元素，形成了兼容并蓄的文化氛围。这种文化的开放性与适应性为传统文化注入了新的活力，展现了中华文化在面对外来冲击时的整合与创新能力。

宋代以后，随着社会经济的发展和城市化进程的加速，儒家思想进入了新的发展阶段。程朱理学以儒家经典为基础，结合佛教和道教的哲学思想，对传统文化进行了深刻的理论创新。例如，"格物致知"的观念强调通过探究事物的本质来实现个人修养的提升，这不仅为儒学提供了新的哲学视角，也使其更好地适应宋代复杂的社会环境。明代的心学由王阳明发展而来，提出了"心即理"的思想，进一步推动了儒学的个性化和人本化发展。

这一阶段的文化创新展现了传统文化在面对经济转型和社会变革时的自我调适能力。然而，这一时期的文化发展也表现出一定的保守性。例如，明清时期的文化政策更注重对儒家传统的维护，忽视了对外来文化的吸纳与融合，导致文化创新的活力逐渐减弱。

中华文化的发展历程清晰地展现了其强大的生命力和自我调节能力。从春秋战国时期的思想竞逐到隋唐的多元融合，再到宋明时期的哲学创新，中华文化始终在社会变迁中寻找自我更新的动力。这种动态发展的特质不仅为"创造性转化、创新性发展"思想奠定了深厚的历史基础，也为新时代的文化振兴提供了宝贵的经验。通过对历史演进的深入总结，我们可以更加深刻地理解中华文化如何在面对重大社会变革时，实现创新与传承的有机统一。

近代以来，中国传统文化在内外压力的交汇中经历了剧烈的冲击与深刻的调整。鸦片战争的失败，使得中国以农业文明为基础的传统社会结构与以工业化、现代化为特征的西方文化体系发生了直接碰撞。这场冲击不仅仅体现在军事上的失败，更在文化领域引发了前所未有的危机。西方工业文明的核心价值，如科学、民主与市场经济，与中国传统文化中的等级秩序、宗法制度和重农抑商的观念形成了强烈对比。面对这种冲击，传统文化的适应性问题被推向历史的前沿，成为社会变革的核心议题。在此背景下，传统文化的价值与作用受到广泛质疑。作为传统文化核心的儒家思想，虽然长期以来在社会治理与伦理秩序中发挥重要

作用，但在工业化与现代化的浪潮中却显得力不从心。重视家庭
与宗法关系的观念，难以适应日益城市化和社会流动的现实需
求；强调伦理与等级的文化传统，也难以满足现代社会对平等与
开放的要求。随着社会矛盾的加剧，传统文化逐渐被视为社会停
滞与发展瓶颈的根源之一。

　　"五四运动"以"科学"和"民主"为核心诉求的知识分
子，对传统文化，特别是儒家思想，展开了激烈的批判，成为近
代文化冲突与选择的标志性事件。这些知识分子认为，传统文化
中的纲常伦理、宗法观念和等级价值体系，严重阻碍了中国现代
化的进程。这一批判的焦点主要集中在清除传统文化中的"封建
糟粕"，旨在通过彻底的文化变革推动社会进步。新文化运动的
代表人物如陈独秀和胡适，强调传统文化的局限性，并呼吁通过
变革教育、思想和社会制度来实现思想的现代化。在批判传统文
化的基础上，部分知识分子提出，通过合理选择与重新诠释的方
式，使传统文化的精华部分得以保存并焕发新的生命力。例如，
梁启超提出"批判继承"的主张，强调去除不适应现代社会的内
容，保留那些具有时代价值的核心思想；胡适则提出"整理国
故"的理念，倡导通过科学和实证的方法重新审视传统文化，并
将其中具有普遍意义的价值观念融入现代社会。这些主张为传统
文化的转型和适应提供了理论依据，也为传统文化在近代的调整
和再生开辟了路径。

　　近代文化的冲击与选择是一个复杂且多层次的过程。在外来
文化的强烈冲击下，传统文化既面临着广泛的质疑，也在批判与

调整中展现了其独特的适应能力。尽管激烈的批判成为当时主流的文化思潮，但对传统文化的选择性吸收与重新诠释，为后来的"创造性转化、创新性发展"奠定了坚实的理论和实践基础。这一历史时期的文化探索不仅为中华优秀传统文化在现代社会中的存续和发展提供了宝贵经验，也为其在新时代焕发新生提供了重要的启示和参考。

中华人民共和国成立后，党和国家高度重视中华优秀传统文化的保护与发展，并将其纳入社会主义文化建设的总体规划。初期提出的"推陈出新"方针，主张在继承传统文化精华的基础上，清理其中的封建残余，使之能够服务于社会主义建设的需要。传统艺术形式如戏曲、书法、国画等通过改编与创新，被赋予了新的时代内涵，逐步融入新中国的社会文化体系。这一阶段的文化建设在延续传统文化生命力的同时，也顺应了社会主义社会对文化的新要求。

党的十一届三中全会后，改革开放政策为传统文化的恢复与发展开辟了全新局面。党中央提出了"恢复和发扬中华民族优秀文化传统"的指导方针，将传统文化的保护列为文化建设的重要任务。通过修复历史遗址、保护艺术形式和推广民俗活动，传统文化逐步从破坏的阴影中走出，并在法律保障下实现了系统化的保护。1982 年，《中华人民共和国文物保护法》的颁布，为文物和历史文化遗产的保护提供了法律依据，传统艺术形式如昆曲、京剧等逐渐得到恢复和推广。与此同时，传统文化在教育和社会生活中的地位得到了重新审视，作为民族认同的重要载体，它逐渐获得了广泛的认可与重视。

进入 20 世纪 90 年代，传统文化在国家文化建设中被赋予了更高的战略地位。随着经济体制改革和市场经济的发展，传统文化与现代社会的结合逐渐加深。传统节日如春节、中秋节等被赋予了新的社会意义，传统艺术和文化符号也开始融入文化创意产业和现代传播媒介，为传统文化的发展注入了新的活力。同时，在国际舞台上，中华传统文化逐渐成为国家文化形象的重要组成部分，特别是在文化交流与对外传播中，展现了其独特的吸引力和影响力。

党的十七大进一步明确了传统文化在中国特色社会主义文化建设中的重要作用，提出要"推动社会主义文化大发展大繁荣"。这一要求将文化建设提升至与经济、政治、社会建设同等重要的战略高度，强调文化作为民族血脉和精神家园的独特地位。党的十七大报告指出，要以改革创新为动力，增强文化发展的活力，并加强文化建设与人民群众需求的契合度。在这一阶段，传统文化被重新赋予时代价值，尤其在思想道德建设和社会主义核心价值观的培育中，传统文化中的伦理观念和社会责任意识被转化为现代社会的共识，成为凝聚民族认同的重要力量。这一时期的文化建设还特别注重在全球化背景下传播中华传统文化，提升其国际影响力。通过文化体制改革，政府完善了公共文化服务体系，增强了传统文化的可及性与传播力。同时，传统文化与现代技术和教育的结合，使其更加符合新时代的需求，并为后来的"创造性转化、创新性发展"奠定了坚实基础。

创造性转化和创新性发展这一理念首次提出是在 2013 年 11 月 26 日习近平总书记视察山东曲阜期间。习近平总书记明确指出，传统文化在当今社会中应当与时代特点相结合，通过改造和创新激活其生命力和现代价值。这一指导思想源自对中华优秀传统文化在新时代背景下持续发挥作用的深刻理解和思考，旨在使传统文化更好地服务于当代社会的发展需求。习近平总书记强调，"创造性转化"是指对传统文化中具有借鉴价值的内容进行改造，使其表现形式符合现代社会的需求；而"创新性发展"则要求在时代新进步、新形势下，对传统文化进行扩展和完善，从而增强其影响力和感召力。这一理念的提出，既体现了对传统文化的尊重与继承，也蕴含了对文化内容和形式的创新要求，强调了"古为今用，推陈出新"。因此，创造性转化和创新性发展的理念不仅仅是文化领域的口号，更是一种全新的文化实践方式。

在提出创造性转化和创新性发展理念后，习近平总书记通过多次重要讲话和政策指导，进一步丰富和深化了这一理论的内涵，并推动其成为国家文化政策的重要组成部分。2014 年 2 月 24 日，习近平总书记在主持中央政治局第十三次集体学习时，将创造性转化和创新性发展理念应用于中华优秀传统文化的传承与发展，指出应通过现代科技手段和新颖的表现形式，使传统文化与现代生活有机融合。这一讲话不仅为理论的深化提供了方向，也为实际操作提供了指导。2014 年 3 月 27 日，习近平总书记在巴黎联合国教科文组织总部发表的重要演讲中，从中华文明发展的角度强调了创造性转化和创新性发展实践的重要意义。他指出，中华文明的持续发展离不开对传统文化的创造性转化和创新性发展，这一观点得到国际社会的广泛认可，并为国际文化交流提供了新的思路和范式。2014 年 9 月 24 日，习近平总书记在纪念孔子诞辰 2565 周年国际学术研讨会上的讲话中再次强调，要"善于把弘扬优秀传统文化和发展现实文化有机统一起来"，这意味着文化的创造性转化和创新性发展不仅是理论上的要求，也是实践中的必然选择。他提出，必须将传统文化的精髓与现代社会的实际需求相结合，从而实现文化的不断发展和创新。

自 2016 年起，创造性转化和创新性发展理念在国家层面得到了全面实施，并逐步渗透到各个文化保护与传承领域。《中华人民共和国国民经济和社会发展第十三个五年规划纲要》首次将这一理念纳入国家发展战略，强调构建中华优秀传统文化传承体系，实现传统文化的现代化转化与创新发展。随后，中共中央办公厅、国务院办公厅在 2017 年 1 月印发的《关于实施中华优秀传统文化传承发展工程的意见》中，系统阐述了传统文化传承发展的基本原则和具体措施，并制定了一系列重点项目，如"中国传统村落保护工程""非物质文化遗产传承发展工程"等。这些项目不仅关注文化遗产的保护，也强调了文化与现代生活的融合，旨在通过现代科技和创新手段，推动传统文化走入当代社会，增强其生命力和影响力。

在实践中，相关政策通过示范项目有力推动了非物质文化遗产的现代化发展。例如，"非物质文化遗产传承发展工程"巧妙运用数字化手段和现代传播方式，实现了非物质文化遗产的广泛传播和创新应用，使传统文化在当代社会焕发出新的生机。同时，"中国传统工艺振兴计划"通过保护与创新相结合的方式，促使传统手工艺在现代社会得以复兴，并焕发出新的活力。为了进一步推动非物质文化遗产的创造性转化和创新性发展，我国不断完善相关法律法规。《中华人民共和国非物质文化遗产法》的修订，明确了保护的基本原则，强调了系统性保护和创新性发展，为非物质文化遗产保护提供了坚实的法律保障。国际合作也为中国非物质文化遗产的创新发展注入了新的活力。通过与国际文化机构的合作，中国非物质文化遗产项目获得了更广泛的展示平台，促进了国际文化交流与互鉴。同时，国际合作也促使中国在非物质文化遗产保护中更加注重全球视野和现代化手段，不断提升保护水平。

在"十三五"规划的有力推动下，我国非物质文化遗产的创造性转化和创新性发展取得了显著成就。一系列重大文化工程，如"中国经典民间故事动漫创作工程"和"中华文化电视传播工程"，通过将传统文化元素与现代传播手段相结合，成功实现了非物质文化遗产的跨界传播和大众化推广，让传统文化在新的时代背景下焕发出新的生机。2019 年，《乡村振兴战略规划（2018—2022 年）》的实施为非物质文化遗产注入了新的活力。通过将非物质文化遗产与乡村旅游、乡村经济深度融合，不仅促进了乡村的振兴发展，也为非物质文化遗产提供了更为广阔的发展空间。同年出台的《非物质文化遗产传承发展工程实施方案》，明确了"科学保护、提高能力、弘扬机制、发展振兴"的工作目标，为非物质文化遗产的保护传承提供了系统性的指导。

　　创新机制的建立是推动非物质文化遗产实现创造性转化和创新性发展的关键。通过鼓励非物质文化遗产传承人与设计师、艺术家等跨界合作，不断催生出新的文化产品和服务，使传统文化更好地融入现代生活。同时，数字化技术的广泛应用，为非物质文化遗产的保护、传承和传播提供了有力支撑，使传统文化得以以更加生动、形象的方式呈现给公众。

3. 海南自由贸易港与非物质文化遗产的现状

3.1 海南自由贸易港建设的背景与现状

海南位于中国的最南端，是我国唯一的热带岛屿省份，拥有独特的地理位置、丰富的自然资源以及优越的生态环境，自设立省级行政区并成为经济特区以来，始终在国家开放发展战略中扮演重要角色。1988 年海南建省之初，党中央赋予其探索改革创新和开放型经济发展的历史使命。作为中国改革开放的重要窗口，海南依托区位优势，成为连接中国与东南亚的重要桥梁，同时也是"一带一路"倡议的关键节点。其特殊的地理条件，使海南在国内外广受关注，尤其在生态保护和绿色经济发展方面，成为全国的典范。

海南经济在改革开放初期以农业、资源开发和旅游业为主，虽然这一模式在短期内促进了地方经济发展，但其过度依赖自然资源的特点暴露了产业结构单一、附加值低、抗风险能力不足等问题。作为一个岛屿省份，海南的市场腹地有限，经济辐射能力较弱，基础设施建设相对滞后，现代高端产业的发展也面临困境。这使得海南在全国经济格局中的地位逐渐边缘化。在全球化加速和国内经济结构调整的背景下，原有的经济模式逐渐显得力不从心，因此推动更为开放和创新的发展模式成为当务之急。自20世纪末起，海南开始寻求经济多元化发展，积极引入现代服务业、信息技术和绿色产业，以优化经济结构。然而，由于体制机制的制约和政策支持不足，这些改革的成效相对有限。

随着中国改革开放步入深水区，2018年，习近平总书记在海南建省办经济特区30周年大会上首次提出建设海南自由贸易港的构想。这一构想源自对全球经济形势的深刻洞察和中国经济发展需求的精准把握。习近平总书记明确指出，新时代，海南要"努力成为全面深化改革开放的新标杆"。自由贸易港的建设，旨在通过制度创新、资源优化和市场化改革，打造一个高度国际化、现代化和法治化的开放经济平台，推动海南在全球经济体系中发挥更重要的作用。

海南自由贸易港的建设目标涵盖了多个方面。2020年6月，国务院发布《海南自由贸易港建设总体方案》，明确了海南的建设路径和具体目标，强调到2025年要初步建立以贸易和投资自由化、便利化为核心的政策制度体系，实现"一线放开、二线管住"的管理模式，以保障对外开放与内部监管的有机结合。同时，海南大力推进税收优惠政策，通过"零关税、低税率、简税制"等措施吸引国际资本和技术。例如，对于在海南自由贸易港注册并实质性运营的鼓励类产业企业，其企业所得税减按15%的优惠税率征收；对于生产中加工增值超过 30% 的货物免征进口关税。这些政策不仅显著降低了企业的运营成本，还大幅提升了海南在全球市场的吸引力和竞争力。

海南自由贸易港的文化建设目标是其战略布局中的重要组成部分。作为推动中国与世界文化交流的重要平台，海南致力于打造国际化的文化高地。通过发展文化贸易、引入高端文化项目和举办国际性文化活动，海南自由贸易港将成为中外文化交流的枢纽。例如，海南计划吸引世界级博物馆、艺术中心和演艺团体在当地设立分支机构，同时推动文化产品和服务的跨境流动。在数字文化领域，海南还将依托其自由贸易港的政策优势，促进数字出版、影视制作和在线教育等领域的国际合作。此外，海南还强调本地文化的传承与创新，通过保护和推广黎族、苗族等少数民族的传统文化，推动文化多样性发展，形成"国际化与本地化"相融合的文化生态。

海南自由贸易港的建设意义不仅体现在经济领域，也在国家战略和全球经济格局中占据重要位置。一方面，海南作为中国深化改革开放的重要试验田，通过创新体制机制，积累了可复制、可推广的经验，为全国其他地区提供了宝贵的借鉴。另一方面，在"一带一路"倡议和区域全面经济伙伴关系协定（RCEP）框架下，海南已成为中国与东南亚国家经济合作的重要枢纽。习近平总书记多次强调，海南要充分发挥区位优势，加强与东盟国家的互联互通，打造面向太平洋和印度洋的重要开放门户。这一战略定位不仅为海南拓展了区域经济腹地，也为其更好地融入全球经济体系提供了强有力的支撑。

海南的生态资源优势为自由贸易港的可持续发展提供了坚实基础。习近平总书记指出："海南最大的优势在生态，要把生态优势转化为发展优势，让绿色成为海南发展的最鲜明底色。"在自由贸易港的建设中，海南将绿色经济作为核心，倡导环境友好型产业发展，致力于将自身打造为全球生态保护和可持续发展的示范区。通过发展清洁能源、推动绿色建筑以及实施低碳政策，海南在实现经济增长的同时，确保了生态保护与可持续发展的有机统一。

在全球经济格局深刻调整的背景下，海南自由贸易港不仅是中国提升国际竞争力的关键举措，也为全球经济治理注入了中国智慧。习近平总书记多次强调："经济全球化是不可逆转的历史潮流，中国要以更高水平的开放，引领全球经济合作。"在这一背景下，海南自由贸易港肩负着重要的历史使命。通过打造高度开放的经济体系，海南为国际贸易和投资提供了全新的平台，同时也成为中国积极参与全球经济治理的重要支点。

展望未来，海南自由贸易港将在政策创新、经济转型和文化发展等多个领域持续发力，通过释放改革红利、优化营商环境和推动产业升级，进一步提升其在国内外的竞争力。作为国家战略的试验平台和新时代改革开放的标志，海南自由贸易港的实践经验不仅将为中国经济发展注入新动力，也将为全球经济合作与文化交流提供新的"中国方案"。

3.2 海南省非物质文化遗产的现状

3.2.1 已建成三级非物质文化遗产保护名录体系

国际方面，2024 年 12 月 5 日，联合国教科文组织保护非物质文化遗产政府间委员会第 19 届常会通过评审，决定将"黎族传统纺染织绣技艺"从《急需保护的非物质文化遗产名录》（List of Intangible Cultural Heritage in Need of Urgent Safeguarding）转入《人类非物质文化遗产代表作名录》（List of Intangible Cultural Heritage），成为我国第一个成功从《急需保护的非物质文化遗产名录》转入《人类非物质文化遗产代表作名录》的非物质文化遗产项目。

海南省在非物质文化遗产保护方面建立了健全的三级名录体系，包括国家级、省级和市县级三个层次。这个体系为非物质文化遗产项目提供了全面的保护和传承框架，有效地促进了非物质文化遗产资源的系统整理和科学管理。

海南省共有 32 项国家级非物质文化遗产项目，这些项目是海南省最具代表性和影响力的文化遗产。具体种类和名单如下：

传统音乐

崖州民歌、儋州调声、十番音乐（海南八音器乐）、苗族民歌、黎族民歌（琼中黎族民歌）、黎族竹木器乐、道教音乐（海南斋醮科仪音乐）、临高渔歌、疍歌

传统舞蹈

黎族打柴舞、老古舞、海南苗族盘皇舞

传统戏剧

木偶戏（临高人偶戏）、木偶戏（文昌公仔戏、三江公仔戏）、琼剧、海南斋戏

传统美术

木雕（花瑰艺术）、椰雕

传统技艺

黎族原始制陶技艺、黎族传统纺染织绣技艺、黎族树皮布制作技艺、黎族钻木取火技艺、陶器烧制技艺（黎族泥片制陶技艺）、晒盐技艺（海盐晒制技艺）、黎族船型屋营造技艺、骨器制作技艺（白沙黎族骨器制作技艺）

民俗

黎族三月三节、妈祖祭典（海口天后祀奉）、民间信俗（洗夫人信俗）、黎族服饰、南海航道更路经、祭祀兄弟公出海仪式

这些国家级非物质文化遗产项目具有高度的文化价值和社会影响力。国家级名录项目不仅得到国家层面的政策支持和资金投入，还享有更高的社会关注度和知名度。这些项目的保护工作包括传承人认定、技艺展示、教育推广等多个方面，确保其能够在现代社会中继续传承和发展。

海南省级名录体系涵盖了 103 项省级非物质文化遗产项目，这些项目在海南省范围内具有重要的文化意义和社会影响。具体种类和名单如下：

民间文学

琼侨歌谣、黎族民间故事、海螺姑娘传说、海南谚语（临高渔谚）、黎从六之歌、儋州话文读音吟诵、苏东坡传说（儋州）

传统音乐

儋州调声、崖州民歌、黎族民歌（琼中黎族民歌、润方言民歌）、海南八音器乐、黎族竹木器乐、海南军歌、海南斋醮科仪音乐、儋州山歌、临高渔歌、疍歌、黎族赛方言长调、海南苗族民歌、海南村话民歌、儋州客家山歌、石山民歌

传统舞蹈

黎族打柴舞、黎族钱铃双刀舞（琼中咚铃伽、陵水钱铃双刀舞、三亚钱铃双刀棍棒舞）、盅盘舞（文昌盅盘舞、临高盅盘舞）、海南苗族招龙舞、黎族舂米舞、黎族共同舞、海南苗族盘皇舞、黎族面具舞、黎族老古舞、海南虎舞、海南麒麟舞、黎族跳娘舞

传统戏剧

琼剧、临高人偶戏、海南公仔戏（文昌公仔戏、三江公仔戏）、海南斋戏、临剧

传统体育、游艺与杂技

黎族传统体育和游艺（如拉乌龟、赶狗归坡等）、坡陈五形桩

传统美术

海南椰雕、龙塘雕刻艺术、传统炭画像工艺、木雕（花瑰艺术、黄花梨雕刻制作技艺）、海南贝雕、黎族传统剪纸艺术、文昌灰塑

传统技艺

黎族传统纺染织绣技艺（含麻纺织、絣染、双面绣、龙被织造）、黎族树皮布制作技艺、黎族骨器制作技艺、黎族原始制陶技艺（黎族泥条盘筑制陶技艺、黎族泥片贴筑制陶技艺）、黎族钻木取火技艺、东坡笠制作技艺、黎族干栏建筑技艺、南海珍珠传统养殖技艺、海盐晒制技艺（儋州、莺歌海海盐晒制技艺）、黎族船型屋营造技艺、黎族藤竹编技艺非木植物编织技艺（东山草编技艺、黎族牛皮凳制作技艺）、黎族独木器具制作技艺、海南家具制作技艺（海南黄花梨家具制作技艺、海南黄花梨家具制作技艺、海口传统家具制作技艺）、后安刀锻造技艺、椰胡制作技艺、黎锦纺染织绣工具制作技艺、土法制糖技艺、昌鸡养殖与烹调技艺、海南苗族传统刺绣蜡染技艺、海南粉烹制技艺（海口海南粉烹制技艺、陵水酸粉烹制技艺、崖州酸粉制作技艺、儋州米烂制作技艺、后安粉汤制作技艺、抱罗粉制作技艺）、鹿龟酒酿泡技艺、沉香造香技艺（屯昌、海口沉香结香和制香技艺、保亭沉香制作技艺、乐东沉香结香技艺）、海南传统捕捞技艺（浅海传统捕捞技艺）、琼式月饼制作技艺、临高广船造船技艺、咖啡焙炒技艺（福山咖啡焙炒技艺、兴隆咖啡焙炒技艺）、传统酿酒技艺［黎族酾（biang，黎语）酒酿造技艺、五指山黎族传统酿酒技艺、白沙黎族酿酒制作技艺、乐东山兰酒酿造技艺、益智酒酿造技术］、传统副食制作技艺（崖城扁豆酱制作技艺、白沙鱼茶肉茶制作技艺）、传统制茶技艺（五指山大叶红茶制作技艺、鹧鸪茶制作技艺及其相关习俗）、传统菜品烹饪技艺（定安菜包饭烹制技艺、定安粽子烹制技艺、东坡肉烹制技艺、锦山牛肉干烹制技艺、临高烤乳猪技艺、万宁东山羊养殖与烹调技艺）、苗族五色饭制作技艺（琼中苗族三色饭制作技艺、陵水苗族三色饭制作技艺、五指山苗族五色饭制作技艺）、黎族沉香灵芝膏制作技艺

传统医药

黎族医药（骨伤疗法、蛇伤疗法）、珍珠美容养颜汉方、黎族藤灸传统医药技艺、黎医草线灸、黎医走蛇罐疗法

民俗

军坡节、海南黎族苗族"三月三"节、黎族服饰、府城元宵换花节、黎族传统婚礼、黎族渡水腰舟习俗、三亚回族传统婚礼、祭祀兄弟公出海仪式、天后祀奉、海南春节习俗（鲤鱼灯闹春，乐城岛闹元宵、中和闹元宵习俗、龙江元宵灯会习俗）、海南端午习俗（泊潮海龙舟）、海南苗族婚俗、海南老爸茶习俗、二月二习俗（海头"二月二"习俗）、海南苗族服饰、黎族"袍隆扣"信俗、关公信俗（海口西关内关公信俗）

其他

南海航道更路经

从省级以上的非物质文化遗产的种类、分布情况来看，海南省的非物质文化遗产呈现以下几个特点：

一、文化类型多样，体现地域特色：海南省非物质文化遗产如同一座瑰丽的文化宝库，囊括了技艺、民俗、音乐、舞蹈等多个领域，生动地展现了海南岛丰富多彩的文化图景。这种多样性

是海南岛多民族聚居、历史文化交融的生动写照，也是不同地域、族群在漫长岁月中创造的独特文化符号的集中体现。海南的非物质文化遗产，不仅是历史的见证，更是海南人民智慧与灵感的结晶，彰显了海南独特的地域风情。

二、传统技艺传承有序，工艺精湛：海南省非物质文化遗产中，传统技艺占比高达 30.10%，充分体现了海南深厚的传统工艺底蕴。黎族的纺染织绣、制陶，以及海盐晒制等技艺，无不展现出海南人民精湛的手工艺水平和对传统文化的深厚敬意。这些技艺不仅是海南人民智慧的结晶，更是当地人对自然和生活的独特理解的艺术表达。它们承载着海南悠久的历史文化，是海南人民宝贵的精神财富，也是海南独具特色的文化名片。

三、民俗节庆活跃，凝聚社区情感：海南省的民俗节庆活动丰富多彩，如黎族、苗族的"三月三"节、军坡节等，是当地居民生活中不可或缺的一部分。这些节日不仅是传统文化的盛宴，更是社区情感的纽带。通过参与丰富多彩的节庆活动，人们传承着祖先的智慧，增强了民族认同感，同时也拉近了邻里之间的距离，促进了社区的和谐发展。

四、地域参与广泛，保护体系健全：海南省非物质文化遗产保护呈现出广泛的地域参与态势。五指山、三亚、儋州、海口等市县文化馆均是重要的保护单位。此外，琼中、保亭、白沙等黎族苗族自治县的文化馆也积极参与其中。这种全省范围内的广泛参与，体现了海南省对非物质文化遗产保护的高度重视和系统性部署。无论是在沿海的现代化城市，还是在内陆的少数民族聚居区，都能看到当地文化馆在非物质文化遗产保护工作中的身影，充分彰显了海南人民对传统文化的热爱和守护。

海南省市县级非物质文化遗产名录如同一张网，将散落在各地的非物质文化遗产项目串联起来，为它们提供了坚实的保护屏障。目前，已有398项具有鲜明地方特色的非物质文化遗产项目被纳入名录。这些项目，从黎族的纺染织绣到汉族的琼剧，从山区的民歌到海边的渔歌，无不展现着海南多元文化的魅力。在地方政府和社区的共同努力下，这些非物质文化遗产项目不仅得到了有效的保护，而且在现代社会中焕发出了新的生机。例如，许多非物质文化遗产项目与旅游、文创等产业相结合，不仅促进了当地经济的发展，也让更多人了解和喜爱海南的传统文化。

海南省积极推进非物质文化遗产的数字化保护和学术研究工作。已完成国家级传承人的数字化记录，并从2020年启动了省级传承人的记录工程，已拍摄了40期省级以上非物质文化遗产项目的视频和文字资料。自2012年至今，海南省出版了14部非物质文化遗产丛书，如《黎族传统纺染织绣技艺》，系统记录了海南非物质文化遗产的丰富内涵。此外，海南省与海南大学等高校合作，成功申报了多个国家艺术基金项目，如"黎族绗染技艺传承创新人才培养"，为非物质文化遗产传承注入了新的活力。为了更好地推动非物质文化遗产保护工作，海南省邀请了中国社会科学院荣誉学部委员刘魁立等国内权威专家学者，举办了全国性的非物质文化遗产保护与发展学术论坛。通过与国内顶尖学者的深入交流，为海南省非物质文化遗产保护指明了方向，提供了宝贵的学术指导[1]。

3.2.2 完善法律体系，非物质文化遗产系统性保护得到保障

自 2009 年以来，海南省持续加强非物质文化遗产保护立法，出台了一系列相关政策法规。2009 年，海南省颁布了《海南省非物质文化遗产项目代表性传承人认定与管理办法》。2011 年，进一步细化并出台了《海南省省级非物质文化遗产代表性项目评审办法》。2012 年，为更好地保护少数民族文化，专门制定了《海南省少数民族文化保护与开发条例》。同年，原海南省文化广电出版体育厅（现为海南省旅游和文化广电体育厅）与财政厅联合发布了《海南省非物质文化遗产专项资金管理办法》，并制定了《海南省黎族传统纺染织绣技艺传承人保护培养暂行办法》。2013 年，海南省编印了《海南省非物质文化遗产代表性项目保护规划汇编》和《海南省国家级非物质文化遗产代表性项目保护规划汇编》。2017 年，出台了《海南省贯彻落实〈中国传统工艺振兴计划〉的意见》，确立了首批 21 项海南省传统工艺振兴目录。2021 年，海南省修订了《海南省非物质文化遗产代表性传承人认定与管理办法》，以适应不断变化的保护形势。2022 年 5 月 31 日，海南省第六届人大常委会第三十六次会议审议通过了《海南省非物质文化遗产规定》，并于 2022 年 7 月 1 日起正式施行。通过完善法规规章不断推进海南省非物质文化遗产保护传承发展工作，海南省非物质文化遗产的系统性保护水平进一步提升[2]。

---

[1] 由海南省旅游和文化广电体育厅提供资料。
[2] 由课题组根据公开资料整理。

3.2.3 非物质文化遗产与教育进一步融合

海南省在非物质文化遗产保护与传承工作中，特别重视人才的培养与教育融合，采取了一系列行之有效的措施，取得了显著成绩。

一是深化高校合作，推动项目落地。海南省旅游和文化广电体育厅与海南大学、海南师范大学等高校合作，完成了多个国家艺术基金项目，如"黎族絣染技艺传承创新人才培养""南海地区热带民居建筑营造技艺设计人才培养"等。这些项目对黎族传统村落民居、黎族传统纺染织绣技艺保护性设计应用研究进行了深入探索，有效提升了相关非物质文化遗产项目的人才队伍建设水平。

二是强化传承人培训，提升传承能力。海南省通过文化和旅游部指定的院校（如苏州工艺美术职业技术学院、海南职业技术学院和海南热带海洋学院），对黎族传统纺染织绣技艺、黎族制陶技艺等传统工艺类非物质文化遗产项目的传承人进行了多次研修培训，培训人次超过百人。这些培训项目不仅帮助传承人拓宽了视野，提升了学识，也为非物质文化遗产的传承与创新奠定了坚实的基础。

三是构建多元化教学体系，激发学生兴趣。全省已在中小学、职业院校、高等院校建立了 17 个非物质文化遗产传承教学基地，开设涵盖传统工艺等多个领域的非物质文化遗产相关课程。这些教学基地不仅是传授技艺的场所，更是激发学生对非物质文化遗产文化兴趣热情的摇篮，为未来传承打下坚实基础。数据显示，全省 18 个市县的 100 多所中小学已将非物质文化遗产实践课纳入教学计划，涉及黎族传统纺染织绣技艺、琼剧、儋州调声等 21 个项目，累计吸引超过 5 万名学生参与，让非物质文化遗产文化在校园中生根发芽。

四是深化非物质文化遗产与职业教育的融合。海南职业技术学院、海南热带海洋学院等 3 所院校入选文旅部、人社部、教育部确定的研修培训计划院校，积极参与中国非物质文化遗产传承人研修培训计划。这些院校开设了相关专业和课程，面向在校生开展非物质文化遗产技能培训，不仅为毕业生提供了广阔的就业前景，而且为非物质文化遗产传承人队伍注入了新鲜血液。同时，通过与国际知名院校和省内高校开展深度合作，积极推动非物质文化遗产技艺的职业化和国际化发展。例如，五指山市与意大利马兰戈尼学院深圳校区合作，选拔全省 30 名黎族传统纺染织绣技艺传承人，共同打造黎族传统纺染织绣技艺国际化人才培养班，为期两年，培养了一批具有国际视野的黎族传统纺染织绣技艺人才。此外，东方市与海南大学、保亭县与海南师范大学等合作项目也取得了显著成效，为非物质文化遗产传承注入了新的活力[1]。

3.2.4 结合融媒体跨界传播推广

海南自由贸易港的建设为非物质文化遗产的传播与品牌建设提供了前所未有的机遇。随着融媒体技术的发展，非物质文化遗

---

[1] 数据由海南省教育厅提供。

产的传播途径变得更加多样化和广泛。海南依托融媒体平台,不仅有效提升了非物质文化遗产的社会认知度,也显著增强了其在国内外的文化影响力。在这一大背景下,海南省的非物质文化遗产品牌建设不断深化与拓展,形成了独具特色的文化传播模式,进一步推动了海南非物质文化遗产的传承与创新。

在融媒体平台的助力下,海南省的非物质文化遗产得以以全新的面貌呈现,逐渐形成了具有鲜明地方特色的文化品牌。海南省通过官方融媒体平台,开展了形式多样的传播活动,推动了非物质文化遗产的广泛普及。例如,2022 年, "新海南"融媒体App 共发布了 57 篇非物质文化遗产相关内容,并举办了 10 次相关的直播活动,涵盖了海南省非物质文化遗产的保护现状、法律法规的解读以及对传承人的采访等内容。这些内容的发布使得公众对非物质文化遗产有了更为深入的了解,也为其保护和传承创造了更多的社会参与机会。此外,海南省还通过融媒体平台举办了 "文化进万家——视频直播家乡年"等活动,通过社交平台的直播和视频展播,让海南的传统年俗文化得以在全国范围内传播,展示了海南独特的文化魅力。这种线上线下结合的传播方式,不仅增强了海南非物质文化遗产的影响力,还使其成为节日庆典的重要组成部分。2023 年,海南省组织了数十场活动,累计在线观看人数超过 10 万,而在抖音平台上的 "海南非物质文化遗产过大年"话题总播放量更是突破了 1156 万次,彰显了海南非物质文化遗产的广泛传播和影响力。

除了官方平台的努力,海南还借助全媒体矩阵式的传播方式，显著扩大了非物质文化遗产的传播范围。海南省广播电视总台通过卫视、自有平台、社交媒体及海外平台等多种渠道，从多个角度对海南的非物质文化遗产进行展播，打破了地域限制，成功地将海南的非物质文化遗产传播到国内外。通过这些全媒体平台，海南的非物质文化遗产获得了更广泛的关注和认知，海南文化的独特性和多样性得到了进一步展示。海南的全媒体矩阵涵盖了卫视、本地电视台、自有平台（如视听海南客户端、海南IPTV）、各类社交媒体（如抖音、快手、微博、腾讯新闻、新浪新闻等），以及海外社交媒体平台（如 Facebook、Twitter、YouTube、TikTok 等）。这种多维度、多渠道的传播方式，不仅大大提升了海南非物质文化遗产的品牌形象，还有效拓宽了其传播边界，使海南文化的魅力得以在全球范围内扩展和深入人心。

海南省在推动非物质文化遗产传播的过程中，不仅注重国内传播，还积极推动国际化进程。习近平总书记在多个场合强调海南要利用自由贸易港建设的契机，加强与"一带一路"沿线国家和地区的文化交流，提升海南在国际文化舞台的影响力。这一政策导向为海南非物质文化遗产的国际传播提供了新的动力和平台。海南在政府层面的积极推动下，设立了多个国际文化交流平台，并且通过融媒体平台和多语种传播方式，将海南的传统文化带到了全球观众面前。例如，海南省联合海南国际传播中心制作的《中国年　海南春》多语种系列视频，通过 Facebook、Twitter、YouTube 等海外社交媒体广泛传播，让更多国际观众更好地了解海南的年俗文化、传统技艺和丰富的节庆活动，进一步提升了海南非物质文化遗产在全球范围内的影响力。跨界合作是海南非物质文化遗产传播的另一个重要驱动力。融媒体的出现使得非物质文化遗产的传播不仅限于传统的文化领域，更能够与其他行业和领域进行深度融合。在海南自由贸易港的建设过程中，文化、旅游、创意产业等多个领域的跨界合作成为推动非物质文化遗产发展的重要力量。海南省旅游和文化广电体育厅自2021年起便通过与各地非物质文化遗产保护机构、传承人及传统文化爱好者的合作，组织开展了如"文化进万家——视频直播家乡年"等活动。这些活动借助线上平台的直播和短视频展播，不仅让海南传统的年俗文化得到了展示，也促使非物质文化遗产逐步转化为文化产品，进一步推动了海南文化产业的发展。例如，海南省在2023年春节期间，通过直播平台进行了海南年俗非物质文化遗产的展播，累计直播信息超150万人次曝光，而直播观看人数也超过了10万人次。通过这些活动，海南的非物质文化遗产逐渐获得了更多年轻人和游客的关注，也为海南的经济发展注入了新的活力。

在融媒体传播的基础上，跨界合作使得海南的非物质文化遗产不仅在文化领域内得到了广泛传播，还被赋予了新的商业价值。通过与旅游业、创意产业等其他行业的深度融合，非物质文化遗产的传播逐渐走向产业化，成为推动海南经济发展的新动力。这种跨界合作不仅提升了文化遗产的市场竞争力，还创造了更多的就业机会和经济收益，为海南的可持续发展注入了新的活力。展望未来，跨界合作将在非物质文化遗产的传播中发挥更加重要的作用。特别是在全球化的背景下，这种合作将帮助海南的非物质文化遗产走向更广阔的国际市场。

此外，海南自由贸易港政策的实施为年轻受众提供了一个更加开放和国际化的文化交流平台。海南不仅吸引了大量国际文化交流项目，还为年轻人创造了更多接触非物质文化遗产的机会。这些年轻受众可以通过融媒体平台深入了解并参与非物质文化遗产的传承，借助海南自由贸易港的国际化背景，将海南的非物质文化遗产传播到世界各地。同时，海南的文化教育机构也在积极引入国际一流的文化教育资源，为年轻人提供了更多接触和学习非物质文化遗产的机会。这不仅帮助年轻一代更好地理解和传承本土文化，也为培养未来的文化传承者打下了坚实的基础。

海南作为著名的侨乡，其海外华侨华人群体为非物质文化遗产的全球传播提供了独特的优势。海南的侨胞通过社交媒体平台，积极推广海南的传统文化和非物质文化遗产，为海南文化的全球传播作出了重要贡献。根据统计，海南省的海外华侨华人超过 390 万人，分布在 50 多个国家和地区，其中 80% 以上集中在东南亚。这些侨胞通过 YouTube、Facebook、Twitter 等社交平台，主动发布关于海南非物质文化遗产的相关内容，积累了许多成功案例。例如，来自马来西亚的叶文泳（Yee Venyoon）自 2015 年起，在 YouTube 上发布了 18 个关于海南非物质文化遗产的视频，内容涵盖传统美食制作、天后宫祭祀等文化项目，累计观看量超过 151 万次。通过全球互联网的连接，海南侨胞成功将海南的非物质文化遗产推向了世界舞台，实现了文化的跨境传播与深度互动。这种海外侨胞的积极参与为海南非物质文化遗产的全球传播开辟了新的渠道，增强了其国际影响力。

总体而言，融媒体传播与跨界合作的结合，使得海南的非物质文化遗产在国内外得到了广泛的传播。随着海南自由贸易港建设的推进，非物质文化遗产不仅在本土得到了更好的保护与传承，也逐渐走向了国际舞台，成为海南文化软实力的重要组成部分。未来，海南将继续借助融媒体技术和跨界合作，推动非物质文化遗产的数字化、国际化进程，使其在全球范围内焕发出更加璀璨的文化光彩。

3.2.5 积极推动传统工艺的发展和振兴

海南省在非物质文化遗产保护与传承方面取得了显著成效。通过以下几项举措，海南省不仅推动了非物质文化遗产产业的发展，还提升了非物质文化遗产的国际影响力。

一是积极扶持非物质文化遗产企业发展。海南省大力支持海南锦绣织贝有限公司、槟榔谷黎苗文化旅游发展有限公司、五指山香兰黎族织锦传习有限公司等企业成功申报 2023—2025 年国家级非物质文化遗产生产性保护示范基地。通过建立示范基地，这些企业不仅显著提升了非物质文化遗产产品的生产水平，还为非物质文化遗产传承人提供了更广阔的展示和发展空间。同时，在槟榔谷、呀诺达、南山等 5A 级景区设立非物质文化遗产集市，不仅为非物质文化遗产传承人提供了稳定的销售渠道，也带动了周边村庄的就业，有力促进了当地经济的发展和非物质文化遗产的传承保护。

二是搭建黎族传统纺染织绣技艺设计服务平台，集聚国内外优秀设计力量。海南省成功搭建了黎族传统纺染织绣技艺设计师及设计服务平台，整合国内高校设计师和社会知名设计师资源，为全省 30 多家黎族传统纺染织绣技艺企业、工坊和传承人工作室提供一站式设计解决方案，从创意构思到产品落地，满足个性化需求。截至 2023 年底，平台已签约 50 余名设计师，共设计研发 249 款/个新产品，并获得企业广泛认可，取得企业采纳证明 562 份，有效促进了黎族传统纺染织绣技艺的创新发展和市场化。

三是通过多元化活动扩大非物质文化遗产影响力。自 2020 年以来，海南省连续举办五届"海南非物质文化遗产购物节"，通过线上线下结合的方式，打造了多渠道销售平台。线下，举办"非物质文化遗产市集展销"和"海南非物质文化遗产成果展"，为非物质文化遗产产品提供展示和销售的舞台；线上，组织非物质文化遗产企业和传承人在抖音、淘宝、天猫等平台开展直播带货，扩大产品曝光度。此外，海南省还积极拓展国际交流合作，在意大利米兰国际设计周举办中国黎族文化展示交流活动，吸引了来自世界各地的近 5 万名观众，大幅提升了海南非物质文化遗产的国际知名度。同时，通过举办"海南锦绣世界文化周"等系列活动，以"锦绣"为媒，促进与国内多个省份的文化交流，山东、浙江、云南、贵州、四川、新疆等 20 多个省份的 100 多个项目参与展示展演，扩大了非物质文化遗产的传播范围和影响力[1]。

---

〔1〕 资料由海南省旅游和文化广电体育厅提供。

四是推动传统工艺创新发展。海南省积极支持非物质文化遗产传承人与企业合作，通过设计师平台，将传统工艺与现代设计理念相结合，开发出更符合市场需求的新产品。例如，黎族传统纺染织绣技艺在保留传统精髓的基础上，不断创新设计，推出了一系列时尚新颖的产品。同时，海南省推动非物质文化遗产项目的工业化、标准化生产，提升了非物质文化遗产产品的质量和产量，并在博鳌论坛、消博会等国际平台上展示，海南非物质文化遗产产品备受瞩目，取得了良好的市场反响。

3.2.6 非物质文化遗产与旅游的融合发展

海南省以非物质文化遗产为核心，积极探索文化与旅游深度融合的新模式，通过创新设计、活化传统工艺，打造了一批独具特色的文化旅游产品，不仅推动了非物质文化遗产的保护与传承，还丰富了旅游业态，提升了海南的文化软实力。在省委、省政府的高度重视和大力支持下，海南省成功将非物质文化遗产转化为现代旅游产业的竞争优势，吸引了大量国内外游客，促进了文化交流与合作，提升了海南的国际知名度。

一是创建特色非物质文化遗产文化旅游景区。海南省在非物质文化遗产与旅游融合方面走在全国前列。以槟榔谷黎苗文化旅游区为代表，一批特色鲜明的非物质文化遗产文化旅游景区应运而生。通过将黎族织锦、黎族舞蹈等非物质文化遗产元素融入旅游体验，槟榔谷成功吸引了大量游客，年接待游客量突破百万。此外，三亚南山国际非物质文化遗产中心等项目的成功，进一步推动了海南省非物质文化遗产保护与旅游产业的创新发展。这些实践充分证明，将非物质文化遗产与旅游相结合，不仅能保护和传承传统文化，还能激发旅游消费潜力，实现经济效益与社会效益的双赢。

二是设立了非物质文化遗产集市，实现了多方共赢。海南省在呀诺达、南山等 5A 级景区设立了非物质文化遗产集市，为游客提供了一个近距离接触非物质文化遗产、感受传统文化魅力的平台。这些集市不仅为非物质文化遗产传承人提供了展示和销售平台，还带动了当地旅游业的发展，促进了周边村民的就业。通过将非物质文化遗产产品与旅游消费相结合，海南省成功探索出了一条非物质文化遗产保护与经济发展相协调的新路径。

三是积极探索非物质文化遗产与乡村振兴的融合发展。海南在全省范围内建设了 30 多个非物质文化遗产工坊，通过这些工坊推动乡村振兴。以黎族传统纺染织绣技艺国家级传承人刘香兰的工坊为例，通过带动周边市县的织娘共同生产，不仅保护了黎族传统纺染织绣技艺这一珍贵的非物质文化遗产，还为当地居民提供了稳定的就业岗位，促进了乡村经济的发展。五指山市以"非物质文化遗产工坊建设为抓手，助推五指山乡村振兴"的创新实践，成功入选全国公共文化服务高质量发展典型案例，充分彰显了非物质文化遗产工坊在传承传统文化、促进乡村振兴、提升群众生活品质等方面的独特价值。该案例不仅为全国提供了可借鉴的经验，更生动诠释了文化振兴在乡村振兴战略中的重要地位。

四是积极举办非物质文化遗产节庆活动，以丰富多彩的形式吸引广大民众参与。连续三届的"南山非物质文化遗产节"累计吸引了十余万游客，通过沉浸式的体验活动，如非物质文化遗产技艺现场展示、互动工坊、非物质文化遗产主题演出等，让观众近距离感受非物质文化遗产的独特魅力，激发他们对传统文化的热爱和保护意识。此外，充分利用传统节日和"文化和自然遗产日"等契机，广泛开展非物质文化遗产宣传推广活动，营造浓厚的非物质文化遗产氛围，使非物质文化遗产项目深入人心，焕发新的生机。

五是积极开展国际文化交流与合作，扩大海南非物质文化遗产的国际影响力。2023年4月在意大利米兰国际设计周上成功举办的中国黎族文化展示交流活动，以其独特的魅力吸引了近5万名来自世界各地的观众，充分展现了海南非物质文化遗产的艺术价值和文化底蕴。此外，海南非物质文化遗产购物节和海南锦绣世界文化周等系列活动，通过线上线下相结合的方式，搭建起一个展示海南非物质文化遗产、促进文化交流的国际平台，不仅扩大了非物质文化遗产项目的传播范围，还促进了国际的文化互鉴与合作。

3.3 非物质文化遗产创造性转化和创新性发展在海南自由贸易港建设中的意义

3.3.1 为海南自由贸易港建设注入强大的文化动力

海南自由贸易港的建设为非物质文化遗产提供了广阔的市场

空间。通过将传统技艺与现代生活巧妙融合，并加以创新性推广，不仅能实现非物质文化遗产的活态传承，更能为自由贸易港注入独特的文化魅力。在法律政策的有力保障下，这一举措将有力推动海南文化产业的发展，为自由贸易港建设提供源源不断的文化动力。

一是海南省积极推动非物质文化遗产的创新发展，将传统技艺与现代设计巧妙融合，催生出别具一格的文化创意产品。例如，黎族传统纺染织绣技艺、海南椰雕等传统手工艺与时尚设计元素相结合，衍生出时尚服饰、家居装饰、文创礼品等系列产品，不仅保留了传统纹样和色彩的独特魅力，更以其新颖的设计、精湛的工艺，赢得了年轻消费者的喜爱，成功实现了非物质文化遗产的市场化转型，为海南自由贸易港建设注入了新的文化活力。

二是在海南自由贸易港的开放环境下，海南省积极支持黎族传统纺染织绣技艺企业、工坊和非物质文化遗产传承人，通过整合高校和知名设计师资源，为非物质文化遗产项目注入新鲜血液。截至 2023 年底，已成功签约 50 位国内外知名设计师，共同研发制作了 249 款别具一格的样品，将传统黎族传统纺染织绣技艺工艺与现代设计理念巧妙融合，催生出一批兼具艺术性与实用性的创新产品。这些产品不仅丰富了非物质文化遗产产品的种类，更使其焕发出全新的生命力，逐渐形成独具海南特色的文化品牌。例如，在意大利米兰国际设计周上，黎族文化和非物质文化遗产技艺惊艳亮相，受到国际市场的广泛关注，非物质文化遗产产品也因此赢得了更高的品牌知名度和市场竞争力，为海南非物质文化遗产走向世界舞台奠定了坚实基础。

三是为推动非物质文化遗产的市场化发展，海南省鼓励非物质文化遗产传承人与设计师、企业合作，共同开发具有商业价值的文创产品。通过在文具、纪念品等领域进行创新设计，将黎族文化元素融入人们的日常生活，不仅丰富了非物质文化遗产产品的销售渠道，更提升了非物质文化遗产品牌的知名度和影响力。这些文创产品在市场上的热销，不仅为非物质文化遗产传承人带来了稳定的经济收入，更促进了海南文创产业的发展。

四是海南省在非物质文化遗产教育方面进行了积极探索和创新，在中小学、职业学校和高校建立了 17 个非物质文化遗产传承教学基地，并开设了丰富多彩的非物质文化遗产课程。全省100 多所中小学积极响应，开设了涵盖黎族传统纺染织绣技艺、琼剧等 21 个项目的非物质文化遗产实践课，吸引了超过 5 万名学生参与。这些活动培养了一批热爱非物质文化遗产、具备一定传承能力的青少年，为非物质文化遗产文化的可持续发展奠定了坚实基础。

五是海南省高度重视非物质文化遗产的保护与传承，通过制定和修订《海南省非物质文化遗产规定》等相关法规，为非物质文化遗产保护提供了坚实的法律保障。同时，政府加大财政投入，鼓励社会资本参与，形成了多元化的投入机制。通过支持非物质文化遗产项目创新开发，海南省有效激发了非物质文化遗产的创造活力，促进了非物质文化遗产产业的发展，实现了非物质文化遗产保护与传承的可持续发展。

3.3.2 为海南自由贸易港建设增加强大的经济动力

非物质文化遗产的创造性转化和创新性发展释放了巨大的经济潜力，已成为推动区域经济发展的重要引擎。作为中国开放发展的重要试点，海南自由贸易港通过对非物质文化遗产的创新开发与品牌推广，不断将这一潜力转化为实际成果，为自由贸易港的建设注入了强大的文化动力和经济活力。

首先，非物质文化遗产产业的创新与发展正在推动相关产业链的全面升级。例如，传统手工艺引入数字化技术后，不仅优化了生产成本，还显著提高了生产效率。这一转型不仅赋予文化产业更大的规模化发展潜力，也推动了区域特色文化向现代化的深度转型。在海南，通过政策支持与技术引入，非物质文化遗产企业如依文·中国手工坊团队通过整合东方市本地的文化元素、标志性景观与非物质文化遗产技艺，构建了一个数字化产业基地。该基地集产品设计、手工技艺与故事讲述于一体，旨在促进东方市黎族传统纺染织绣技艺的产业化发展。截至目前，已有 500 余种黎族传统纺染织绣技艺的美学纹样得以整理并完成数字化、产品化、IP 化与产业化实施。这一举措帮助 3000 多名黎族传统织娘实现增收创收，也为乡村振兴注入了强劲动力。

其次，非物质文化遗产相关产业的蓬勃发展带来了大量新的就业机会，涵盖了从手工艺人到文创设计师再到市场营销人员等多个领域。根据《2022 非物质文化遗产消费创新报告》，2022年，全国范围内由非物质文化遗产衍生的电商平台（如淘宝）吸引了 3.6 万家商户入驻，直接或间接创造了数百万个就业岗位。在海南，通过鼓励传统非物质文化遗产工坊与现代企业展开紧密合作，这一趋势得到了进一步深化。槟榔谷与呀诺达等旅游景区设立的非物质文化遗产集市，不仅成为游客体验本地文化的直观平台，也为当地居民提供了灵活多样的就业模式。为了推动"非物质文化遗产"领域的创新发展，琼海市着力打造了"琼海椰雕师傅"劳务品牌。此外，在省市就业部门的指导下，琼海市海南爱心椰文化产业有限公司与海南软件职业技术学院共同设立了椰文化研发中心。目前已有 600 多名师生通过二维与三维设计及 3D 建模技术完成了产品制作，并与海南全省 1000 多名农户签订了加工协议。这一体系不仅为脱贫户、残疾人及下岗工人等群体提供了免费的椰雕技艺培训，也令学员可以在家完成制作，实现居家就业。截至目前，"琼海椰雕师傅"劳务品牌共获得了几十项椰雕专利，进一步展现了产业精准扶贫的成果。

第三，非物质文化遗产资源的有效开发和深度利用显著提升了区域经济的竞争力。海南省通过构建特色非物质文化遗产产业链，成功打造了多个地方经济增长点。以保亭黎族传统纺染织绣技艺为例，其生产链在 2023 年的年产值已达 1200 万元，从事相关技能的人员约有 1500 人，相关就业人数近 2800 人，同时有约 3200 人接受了专项技能或技术培训。与此同时，通过文化旅游与非物质文化遗产集市等新兴消费场景的结合，海南不仅推动了本地旅游经济的快速增长，还为海南自由贸易港企业提供了一个展示独特文化魅力的窗口。槟榔谷景区通过结合黎族和苗族的传统技艺，以文化为驱动，在 2024 年接待游客达 369.3 万人次，实现游客消费总额 22.3 亿元。

从国家层面来看，根据《非物质文化遗产电商消费报告（2023）》的数据，2023 年全国范围内非物质文化遗产相关商品的成交额首次突破千亿元大关，达到 1073.2 亿元，同比增长 37.7%，增速远超同期全国社会消费品零售总额增速的五倍。非物质文化遗产电商消费的快速增长也反映了这一产业的巨大潜力。在这一背景下，海南的非物质文化遗产品牌在市场化过程中也取得了可喜的成绩。通过品牌推广与线上线下联动，海南多个非物质文化遗产品牌成功进入全国消费者视野，并在满足年轻一代文化消费需求的同时实现了市场份额的扩大。根据《2022 非物质文化遗产消费创新报告》，2022 年全国范围内的非物质文化遗产相关直播场次超过 100 万场，直播带货交易额接近 80 亿元，比 2020 年翻了一倍以上。海南得益于政府的政策引导与商家的积极参与，当地的非物质文化遗产企业已逐步掌握了电商与直播技术，显著提升了非物质文化遗产产业的商业价值。从 2020 年开始，海南通过每年举办非物质文化遗产购物节，通过线上线下联动的方式，对非物质文化遗产产品进行宣传和售卖，仅 2020 年的非物质文化遗产相关产品销售额达 300 万元。

作为中国连接全球市场的重要窗口，海南自由贸易港在非物质文化遗产的传承与发展方面探索出了一套独具特色的模式。海南通过推出一系列政策，鼓励非物质文化遗产企业和社区工坊紧密结合现代市场需求进行创新开发。例如，海南锦绣织贝有限公司申请成为国家级非物质文化遗产生产性保护示范基地，在政策扶持下提升了生产力和品牌竞争力，成为当地非物质文化遗产产业转型升级的典型样本。此外，海南还积极鼓励非物质文化遗产传承人与现代设计师、企业之间的深度合作，通过引入专业设计人才，将黎族和苗族的传统工艺与现代时尚元素相结合，开发出一批兼具文化价值与市场竞争力的创新产品，这些产品大幅提升了非物质文化遗产产品的附加值，同时焕发了传统文化的生命活力。槟榔谷和呀诺达等知名景区设立的非物质文化遗产集市，不仅为旅游景区增添了深厚的文化内涵，还成功地为相关产品开辟了丰富的销售渠道，使游客在欣赏海南自然风光的同时，自觉或潜移默化地参与到了文化传承中。

依据中研普华产业研究报告《2023—2028 年中国非物质文化遗产行业深度分析及发展前景预测报告》的分析，中国非物质文化遗产行业的市场规模持续扩展，2023 年行业规模已经达到10983 亿元，预计未来几年市场规模将继续增长。作为中国开放发展的窗口，海南将继续深耕非物质文化遗产资源，通过创新驱动与政策支持实现产业的规模化发展，从而促进区域经济的增长。与此同时，随着消费者对文化内涵与产品价值的需求不断增加，非物质文化遗产产业将在未来迎来更多的发展机遇。海南自由贸易港，凭借其独特的地理位置和政策优势，正在结合地方特色、文化品牌与国际市场需求，致力于打造具有全球影响力的非物质文化遗产文化高地。这不仅为海南文化产业的进一步发展奠定了基础，也为中国文化软实力的全面展示提供了坚实的支撑。

海南的非物质文化遗产文化，凭借其深厚的历史底蕴与丰富的地域特色，正成为全球文化交流的重要桥梁，推动着中国文化走向世界。

综上所述，海南自由贸易港在非物质文化遗产的创新转化、产业发展、就业创造和经济促进等方面取得了显著成果。未来，海南将继续加大政策支持与技术创新力度，推动非物质文化遗产产业的深度融合与持续发展，为区域经济和社会进步贡献更大力量。通过非物质文化遗产这一文化资源的有序开发与产业化，海南将为全球文化产业的发展提供重要示范，助力中国文化在世界舞台上的崛起。

3.3.3 为海南自由贸易港建设增添国际竞争力

海南省以非物质文化遗产为载体，积极融入全球文化交流，为自由贸易港建设增添了亮丽的文化名片。通过多层次、多渠道、多形式的国际展示与交流，海南非物质文化遗产的国际影响力显著提升。

一是国际展示平台的拓展。海南省在多个国际舞台上展示黎族文化等非物质文化遗产项目，如美国、法国等地的文化艺术节和设计周。通过沉浸式体验、互动展示等形式，让世界观众近距离感受海南独特的文化魅力。例如，在米兰国际设计周上，黎族纺染织绣技艺的展示，不仅吸引了众多国际设计大师的关注，也激发了全球消费者对中国传统文化的兴趣。

二是跨境贸易与文化输出。海南省充分利用自由贸易港的政策优势，积极拓展非物质文化遗产产品的国际市场。通过与国际知名品牌、设计师合作，开发具有国际市场竞争力的非物质文化遗产产品，如黎族传统纺染织绣技艺时尚配饰、琼剧衍生品等。同时，海南省还鼓励非物质文化遗产传承人参与国际手工艺品博览会等活动，拓展销售渠道，提升品牌影响力。

三是文化传播与软实力提升。海南省通过国际主流媒体的广泛报道，提升了非物质文化遗产的国际知名度。例如，在米兰国际设计周期间，新华社、凤凰卫视等媒体对黎族文化的报道，产生了巨大的传播效应。此外，海南省还积极参与国际文化交流合作项目，与世界各地的文化机构建立合作关系，共同推动非物质文化遗产的保护与传承。

四是政策保障与资金支持。海南省政府高度重视非物质文化遗产的国际传播，出台了一系列扶持政策，为非物质文化遗产项目提供了坚实的保障。例如，《海南省非物质文化遗产规定》明确了非物质文化遗产保护与传承的法律责任，为非物质文化遗产的国际传播提供了法律依据。同时，政府还加大财政投入，支持非物质文化遗产项目参与国际交流活动，并鼓励社会资本参与非物质文化遗产产业发展。

3.3.4 助力乡村振兴与社会发展

非物质文化遗产在海南自由贸易港建设中，通过非物质文化遗产工坊与乡村经济、非物质文化遗产与旅游融合、就业机会与收入增加、教育与文化传承、社会文化效益、政策支持与多元投入等举措，有力助力乡村振兴与社会发展，提升乡村居民经济收入和生活水平，增强文化自信和社会和谐，为乡村振兴注入强大活力。首先，海南省在乡村设立 30 多个非物质文化遗产工坊，推动乡村振兴。例如，黎族传统纺染织绣技艺国家级传承人刘香兰带动周边市县织娘完成订单生产，2022 年被文旅部入选全国三十名传承人"云探店"，全国推广。这些工坊不仅保护和传承非物质文化遗产技艺，还为当地居民提供就业机会，增加收入。其次，非物质文化遗产工坊在乡村设立，促进非物质文化遗产技艺保护与传承，通过订单生产、手工艺品制作等形式，带动乡村经济发展。例如，五指山市《以非物质文化遗产工坊建设为抓手，助推五指山乡村振兴》项目入选全国公共文化服务高质量发展典型案例，表彰非物质文化遗产工坊在乡村振兴中的重要作用。非物质文化遗产与旅游深度融合，为乡村经济带来新增长点。例如，槟榔谷黎苗文化旅游区展示和体验黎族传统纺染织绣技艺，吸引大量游客，成为文化旅游热点，增加旅游收入，提升非物质文化遗产项目知名度和市场竞争力。第三，非物质文化遗产项目通过产业化发展，为乡村居民创造大量就业机会。例如，通过非物质文化遗产工坊和非物质文化遗产集市，乡村居民可以从事手工艺品制作和销售，增加就业机会，提升居民收入。此外，通过非物质文化遗产项目保护与传承，增强乡村居民文化认同感和自豪感。例如，通过非物质文化遗产集市和非物质文化遗产节庆活动，展示丰富的乡村文化和非物质文化遗产技艺，提升居民文化自信。

4. 海南非物质文化遗产的创造性转化和创新性发展案例

4.1 海南省东方市百亩黎族传统纺染织绣技艺原材料种植基地案例[1]

自 2013 年以来，海南省东方市建立了占地 115 亩的黎族传统纺染织绣技艺原材料种植基地，主要种植海岛棉、苎麻、假蓝靛、黄姜、山蓝、落葵和苏木等黎族传统纺染织绣技艺制作所需的原材料。目前，这一基地是海南省唯一一家正在运营的黎族传统纺染织绣技艺原材料种植基地，备受高校和研究机构的关注，吸引了清华大学美术学院、中南民族大学、海南大学、海南师范大学等多家单位前来合作，建立了实习教学实践基地。基地每年生产的原材料广泛应用于黎族传统纺染织绣技艺实践课程教学、织锦培训班培训、传承人传承活动以及黎族传统纺染织绣技艺原材料展示等方面。这一举措不仅有效保障了黎族传统纺染织绣技

---

〔1〕 资料由东方市政府提供。

艺制作所需的原材料供应，还为黎族传统纺染织绣技艺的传承与
创新发展提供了重要支持。以 2021 年为例，基地的产量如下：

　　海岛棉：种植面积 45 亩，年产量 1068 斤

　　假蓝靛：种植面积 20 亩，年产量 686 斤

　　苎麻：种植面积 20 亩，年产量 327 斤

　　黄姜：种植面积 10 亩，年产量 979 斤

　　苏木：种植面积 2 亩，年产量 86 斤

　　落葵：种植面积 1 亩，年产量 68 斤

　　其中，海岛棉作为黎族传统纺染织绣技艺织造的重要原材
料，基地的海岛棉种植面积达到 45 亩，充分保障了黎族传统纺
染织绣技艺生产对优质原材料的需求。海岛棉纤维具有柔软、韧
性强、光泽好等特点，是制作高品质黎族传统纺染织绣技艺的理
想选择。相较于其他棉种，海岛棉的纤维长度更长、杂质更少，
织出的黎族传统纺染织绣技艺织品不仅手感柔软舒适，而且色泽
亮丽、图案清晰，更能体现黎族传统纺染织绣技艺的独特魅力。
假蓝靛作为黎族传统纺染织绣技艺染色的重要原料，其独特的蓝
色色素是黎族传统纺染织绣技艺色彩体系中不可或缺的一环。基
地 20 亩的种植面积和 686 斤的年产量，不仅保证了黎族传统纺染
织绣技艺染料的稳定供应，还为黎族传统纺染织绣技艺织品提供
了纯正、自然的蓝色。假蓝靛染出的黎族传统纺染织绣技艺织品
色彩深邃、持久，具有独特的艺术魅力，是黎族传统纺染织绣技
艺织品区别于其他织品的显著特征之一。苎麻纤维以其坚韧、耐
磨的特性，在黎族传统纺染织绣技艺织造中扮演着不可或缺的角

色。基地种植的苎麻，纤维细长、柔韧性好，特别适合制作黎族传统纺染织绣技艺织品中那些需要经受较大张力或摩擦的部分，如经线或织物的边角。20 亩的种植面积和 327 斤的年产量，充分保障了黎族传统纺染织绣技艺制作对苎麻纤维的稳定需求。黄姜作为黎族传统纺染织绣技艺染色的重要原料，其根茎富含姜黄素，能为黎族传统纺染织绣技艺织品提供丰富而稳定的黄色染料。尽管种植面积仅有 10 亩，但年产高达 979 斤的黄姜，充分满足了黎族传统纺染织绣技艺对黄色染料的需求。黄姜染出的黎族传统纺染织绣技艺织品色彩柔和、自然，具有独特的艺术效果，是黎族传统纺染织绣技艺色彩体系中不可或缺的一部分。苏木作为黎族传统纺染织绣技艺染色的重要原料之一，其木心部分含有丰富的苏木素，能为黎族传统纺染织绣技艺织品提供鲜艳的红色染料。尽管种植面积仅有 2 亩，但年产 86 斤的苏木，已经基本满足了教学和实践的需求。苏木染出的黎族传统纺染织绣技艺织品色彩饱满、持久，是黎族传统纺染织绣技艺色彩体系中不可或缺的一部分，为黎族传统纺染织绣技艺增添了独特的视觉美感。落葵，作为一种特殊的染色植物，在黎族传统纺染织绣技艺的染色工艺中发挥着独特的作用。虽然种植面积仅 1 亩，年产量仅 68 斤，但其所提供的天然染料却能为黎族传统纺染织绣技艺织品带来独特的色彩效果。落葵染料的色泽柔和、典雅，与其他染料搭配使用，能呈现出丰富多样的色彩层次，为黎族传统纺染织绣技艺增添了独特的艺术魅力。东方市黎族传统纺染织绣技艺原材料种植基地通过科学规划和现代农业技术的应用，实现了对海岛

棉、苎麻、假蓝靛、黄姜、苏木和落葵等多种黎族传统纺染织绣
技艺原材料的精细化管理。基地根据黎族传统纺染织绣技艺制作
的不同需求，合理分配种植面积，确保了各种原材料的稳定供
应，为黎族传统纺染织绣技艺产业链提供了可靠的保障。这种科
学的种植策略不仅提高了资源利用效率，还保证了黎族传统纺染
织绣技艺制作的持续发展，为黎族传统纺染织绣技艺的传承和创
新提供了坚实的物质基础。

通过与高校和研究机构建立深度合作，东方市黎族传统纺染
织绣技艺原材料种植基地为黎族传统纺染织绣技艺的创新发展注
入了源源不断的活力。这种产学研协同模式，不仅为黎族传统纺
染织绣技艺这一古老技艺搭建了传承与创新的桥梁，更促进了学
术界、产业界与地方政府的多方联动，共同推动黎族传统纺染织
绣技艺文化在当代社会的繁荣发展。

基地为学生和研究人员提供了沉浸式的学习环境，从黎族传
统纺染织绣技艺原材料的种植与采收，到传统染料的配制、天然
纤维的处理，再到复杂的织造技艺，学习者可以全面掌握黎族传
统纺染织绣技艺制作的完整流程。同时，基地鼓励将传统技艺与
现代设计理念相结合，探索新的纹样、色彩和材质，创作出兼具
传统韵味与现代审美的黎族传统纺染织绣技艺作品。

高校和研究机构的研究人员通过对黎族传统纺染织绣技艺的
深入研究，从材料科学、染织工艺、图案设计等多个角度揭示了
其蕴含的丰富文化内涵与独特艺术价值。这些研究不仅拓展了黎
族传统纺染织绣技艺学的理论体系，也为其保护与传承提供了科

学依据。研究成果为黎族传统纺染织绣技艺的创新设计提供了理论支撑，进一步促进了技艺的发展与传承。

基地还与企业紧密合作，将黎族传统纺染织绣技艺这一传统手工艺转化为具有市场竞争力的现代产品。通过对黎族传统纺染织绣技艺面料的改良与创新，基地开发出一系列时尚配饰、家居用品、艺术品等，拓宽了黎族传统纺染织绣技艺的应用领域，显著提升了其经济价值。同时，基地积极参与各类文化节庆活动和展览展示，全面提升黎族传统纺染织绣技艺的品牌知名度与市场影响力。

东方市政府高度重视黎族传统纺染织绣技艺文化的保护与发展，通过政策扶持和资金投入，为基地的建设和运营提供了强有力的保障。基地已逐渐成为黎族传统纺染织绣技艺文化的重要传播平台，不仅提升了地方文化软实力，也为实现中华民族伟大复兴作出了贡献。

此外，基地定期举办织锦培训班，邀请黎族传统纺染织绣技艺传承人和技艺专家授课，采用理论与实践相结合的教学方式，为更多人提供学习黎族传统纺染织绣技艺的机会。培训班不仅传授技艺，更注重培养学员对黎族传统纺染织绣技艺文化的理解与热爱。通过培训，越来越多的爱好者加入黎族传统纺染织绣技艺传承和发展的行列，为黎族传统纺染织绣技艺文化注入了新的活力。

东方市黎族传统纺染织绣技艺原材料种植基地通过产学研协同、政府支持、市场驱动等多重手段，实现了黎族传统纺染织绣

技艺的创新发展，为非物质文化遗产的保护与传承提供了成功的
范例。这一模式不仅保护了传统文化遗产，还为其在新时代的发
展注入了新的生命力，基地的经验值得其他地区的非物质文化遗
产保护项目借鉴与推广。

4.2 五指山非物质文化遗产职业教育案例[1]

五指山市位于海南省中部，是黎族、苗族等少数民族聚居的
重要区域，蕴藏着丰富多彩的非物质文化遗产。目前，五指山市
共有非物质文化遗产保护名录 23 项，其中国家级 4 项、省级 14
项、市级 5 项。同时，全市建立了涵盖国家级 1 名、省级 17 名、
市级 218 名在内的 236 名非物质文化遗产代表性传承人的完整人
才体系，为文化传承奠定了坚实基础。

为系统性保护和传承非物质文化遗产，五指山市政府制定并
实施了一系列行之有效的政策。例如，《五指山市非物质文化遗
产传承人才非物质文化遗产"青蓝工程"实施方案》和《五指山
市 1867 "优秀民间技艺人才奖"评选方案》等政策，通过评选
和奖励机制，激励更多优秀人才参与非物质文化遗产的保护与传
承工作。其中，黎族传统纺染织绣技艺作为重点保护项目，受到
了特别关注。市政府出台了《黎锦技艺保护发展三年行动计划》，
进一步加强黎族传统纺染织绣技艺的保护、传承与创新发展，使

---

[1] 资料由五指山市政府提供。

其成为五指山市非物质文化遗产保护工作的亮点。

在财政支持与项目资助方面，五指山市采取了积极的激励措施。过去两年间，市人力资源和社会保障局累计评选出 17 名返乡和入乡创业人才，其中 7 人专注于非物质文化遗产领域，并向他们发放了总计 70 万元的创业项目资金，助力其在非物质文化遗产事业中的发展。与此同时，五指山市通过举办海南自由贸易港创业大赛和五指山市创业大赛，为非物质文化遗产从业者提供了展示才华的平台。上述比赛累计有 30 名创业人才获奖，其中 10 人专注于非物质文化遗产，获颁奖金总计 8 万元。这些举措既增强了文化遗产的社会影响力，也为非物质文化遗产人才提供了更多发展机会。

五指山市通过构建多层次的教育体系，有效推动了非物质文化遗产的创造性转化和创新性发展。其中，全日制中职学历教育作为核心支柱，在系统培养非物质文化遗产技能型人才方面发挥了关键作用。

五指山市的中等职业学校，如海南省民族技工学校，设立了多个与非物质文化遗产相关的专业，涵盖黎族纺染织绣技艺、民族美术、民族音乐与舞蹈等领域。各专业根据传统技艺的特点精心设计课程体系，涵盖基础理论、专业技能和创新实践三个层面，为学生提供系统化的学习路径。

以黎族纺染织绣技艺专业为例，该专业旨在培养熟练掌握黎族传统纺染织绣技艺的技能型人才。课程体系主要包括以下模块：

1. 基础理论课程：开设非物质文化遗产概论、黎族文化历史、民族学等课程，帮助学生了解黎族文化背景，夯实理论基础。

2. 专业技能课程：重点教授纺织技艺、染色工艺、织锦设计等实用技能，通过大量实践操作提升学生的技艺水平。

3. 创新设计课程：鼓励学生将传统技艺与现代设计理念相结合，开设织锦图案创新、色彩搭配设计等课程，全面培养创新能力。

再以民族美术专业为例，该专业致力于传承黎族剪纸、雕刻等传统美术技艺，课程设计同样注重理论与实践相结合：

1. 基础美术课程：包括素描、色彩、构成等科目，帮助学生打下扎实的艺术基础。

2. 专业技艺课程：涵盖剪纸技艺、木雕技艺、工艺美术设计等，注重技艺传承和实践操作的培养。

3. 应用与创新课程：设置计算机辅助设计、工艺品市场营销等课程，帮助学生掌握现代化设计工具，并适应市场需求。

这种以专业教育为核心的培养模式，不仅促进了非物质文化遗产技艺的传承与创新，也为学生搭建了通往职业发展的坚实桥梁，为五指山市非物质文化遗产的保护与发展注入了持续动力。

通过调研与分析，全日制中职学历教育采用了理论与实践相结合的教学模式，充分体现了培养非物质文化遗产技能型人才的特点。每个专业的课程设置既注重理论知识的传授，又强化实践技能的培养。此外，学校还引入现代教育技术，采用多媒体教学、仿真实训等多样化教学手段，有效提升了教学效果。

理论教学通过课堂讲授、专题讲座、学术讨论等多种形式展开。课程内容涵盖非物质文化遗产的历史文化背景、理论基础和技艺原理等，帮助学生构建全面而系统的知识体系，为实践学习奠定了坚实的理论基础。

实践教学贯穿于整个教学过程，包括校内实训和校外实习两大部分。在校内实训方面，学校精心配备了完善的实践设施，如黎族织锦实训室和民族剪纸展览馆，为学生提供了优质的实践环境，使其能够在校内深入体验和掌握传统技艺的操作过程。校外实习则通过与企业的紧密合作，让学生在真实的工作环境中锻炼技能，了解实际生产流程，同时进一步提升职业素养与就业竞争力。

该教学模式采用多元化评价体系，对学生的理论知识与实践能力进行全面考核。在终结性评价中，通过期末考试、实训考核和作品展示等形式，重点检验学生对课程内容的掌握程度。而在过程性评价中，则从平时作业、课堂表现和学习态度等多个维度进行评估，注重学生学习过程中的综合素质培养，全面提升其能力与素养。

五指山市在非物质文化遗产职业教育中高度重视师资队伍建设和校企合作，形成了人才培养、技艺传承与产业发展相结合的独特模式，为非物质文化遗产的保护与创新注入了新活力。

五指山市的职业学校通过引入高水平的非物质文化遗产传承人和实施专业教师培养项目，打造了一支经验丰富、理念先进的教师团队。学校聘请了多位国家级、省级和市级非物质文化遗产传承人担任教师，他们不仅拥有深厚的技艺功底，还善于结合现代教育理念，创新教学方法。"青蓝工程"等项目进一步培养了优秀教师，为教学质量提供了有力保障。

为增强实践教学的效果，学校建设了一系列专业实训和展示场所，包括黎族纺染织绣技艺实训室、黎族剪纸展览馆以及民族音乐与舞蹈训练中心。这些设施为学生提供了良好的实践环境，促进了传统技艺的传承与创新，成为连接传统文化与现代职业教育的重要桥梁。

五指山市的职业学校积极探索校企合作机制，将教育与产业需求紧密结合。学校与黎族传统纺染织绣技艺企业建立合作关系，开展订单式培养，为企业定向培养技艺型人才，形成"学中做、做中学"的良性循环。通过支持学生到企业实习和就业，增强了学生的实践能力，同时为企业输送了专业人才，提升了地方非物质文化遗产产业的竞争力。学校注重创新教育模式，通过开展"以赛促教、以赛促学"活动，提高教学水平和学生能力。例如，师生积极参加"黄炎培杯"中华职业教育非物质文化遗产创新大赛、中国（海南省）旅游商品大赛等，多次荣获奖项，进一步推动了教学质量的提升，也彰显了五指山市在非物质文化遗产职业教育中的独特优势。

除此之外，五指山市政府通过建立创业孵化基地，为非物质文化遗产相关企业提供了强有力的支持，包括免费的办公场所和设备。例如，五指山通什滴帕幔黎族传统纺染织绣技艺服装店和五指山锦家人织绣文化有限公司等非物质文化遗产企业，均在这一政策的支持下实现了快速发展。创业孵化基地有效促进了非物质文化遗产产业链的完善，实现了教育、产业和市场的上下游联动。

海南省民族技工学校自开设非物质文化遗产专业以来，已累计培养了6000多名民族非物质文化遗产专业技术技能型人才，其中包括黎族传统纺染织绣技艺传承人90多人（涵盖省、市级传承人7人，"南海工匠"5人，"南海乡土人才"2人）。通过全日制中职学历教育，非物质文化遗产技艺得到了有效的传承与创新发展。学生不仅掌握了传统技艺，还通过学习现代设计理念，成功实现了传统文化与现代时尚的融合。例如，黎族传统纺染织绣技艺在服装设计、家居装饰等领域的广泛应用，不仅推动了黎族传统纺染织绣技艺文化的现代化和市场化，也为非物质文化遗产技艺赋予了新的生命力。

在职业化教育创造性转化和创新性发展的基础上，五指山市积极面向全省少数民族地区开设短期非物质文化遗产技艺培训班。例如，黎族纺染织绣技艺培训班深入农村教学点，为当地农民提供技艺培训。这种模式不仅帮助农民掌握精湛的传统技艺，还通过提高其经济收入，助力乡村振兴。

五指山市创新性地采用"群众点单"模式，根据村委会和社区的学习需求，选派传承人"送教到家"。这种灵活的教学方式让更多人接触到了非物质文化遗产技艺，同时提升了社区居民的文化素养和职业技能。例如，自2021年以来，五指山市已举办黎族传统纺染织绣技艺培训班59期，培训人次达1.2万余人。

除了为学生提供全日制教育，五指山市还针对社会群体开设
了非物质文化遗产技艺职业培训班，帮助社会人员提升职业技
能，实现再就业或创业。例如，为返乡农民工、退役军人等群体
开设定制化培训课程，涵盖技艺学习与创业指导，助力他们融入
经济发展浪潮。五指山市通过定期举办讲座、研讨会和技能大
赛，为非物质文化遗产技艺从业者提供继续教育和技能提升的机
会，不断更新从业者的技能水平，确保非物质文化遗产技艺的传
承与发展。

非物质文化遗产职业教育的成功实施，不仅显著推动了非物
质文化遗产产业发展，还带动了当地经济的增长。同时，这种教
育模式增强了学生的文化自信和民族自豪感，在促进社会和谐发
展的同时，也提升了社区居民的生活质量和职业竞争力。

海南省民族技工学校与五指山市的非物质文化遗产教育实
践，为非物质文化遗产传承提供了系统化的解决方案。这一模式
通过人才培养、技艺创新、市场转化和社会支持的结合，为非物
质文化遗产保护与乡村振兴提供了宝贵经验，值得在更广范围内
推广与借鉴。

4.3 槟榔谷黎苗文化旅游区旅游与非物质文化遗产深度融合案例[1]

海南槟榔谷黎苗文化旅游区，作为全国首家民族文化 5A 级

---

〔1〕 资料由海南槟榔谷黎苗文化旅游区提供。

旅游景区，坐落于海南省保亭县甘什岭自然保护区内。这一多元化旅游度假区集观光旅游、休闲娱乐和文化展示于一体，以其独特的民族风情吸引了无数游客。槟榔谷充分挖掘黎族和苗族的丰富文化资源，通过保护和传承非物质文化遗产，实现了文化与旅游的深度融合。景区将传统文化融入旅游体验中，展现了非物质文化遗产的创造性转化和创新性发展。例如，游客可以在槟榔谷亲身体验黎族传统纺染织绣技艺织造、苗族银饰制作等传统技艺，深入感受海南少数民族文化的独特魅力。这种文化与旅游相结合的模式，不仅赋予了非物质文化遗产新的生命力，还为地方经济社会发展注入了强大动力。槟榔谷已成为非物质文化遗产保护的典范，同时也是推动区域经济繁荣、促进民族文化传承的重要平台。

海南槟榔谷黎苗文化旅游区位于海南省保亭县甘什岭自然保护区内，注册资本5900万元，成立于1998年1月18日，总规划面积约1379亩，距三亚市区仅约18公里，交通便捷，便于游客前往。

槟榔谷以展示和传承黎族、苗族丰富的非物质文化遗产为核心，构建了七大体验区，将观光旅游、休闲娱乐和文化展示融为一体，形成了多元化、复合型的旅游度假区。具体体验区包括：

1. 民俗非物质文化遗产文化核心区：全方位展示和传承黎族、苗族的非物质文化遗产。

2. 雨林探险区：为游客提供探索热带雨林的独特体验。

3. 悠黎客拓展基地：专注团队建设与拓展训练。

4. 黎苗风味美食街：供应地道的黎族和苗族特色美食。

5. 民宿区：包括田园客栈和兰花客栈，为游客提供充满民族特色的住宿体验。

6. 文化展示区：展示黎族、苗族的传统工艺与文化瑰宝。

7. 文化体验区：通过沉浸式活动让游客近距离接触民族文化。

槟榔谷展示了十项国家级非物质文化遗产，包括：黎族传统纺染织绣技艺、黎族打柴舞、黎族原始制陶技艺、黎族树皮布制作技艺、黎族钻木取火技艺、黎族"三月三"节、黎族竹木器乐、黎族民歌、黎族船形屋营造技艺，以及黎族服饰。这些文化瑰宝在景区内的多个主题文化展示馆中得到充分展现，包括黎族传统纺染织绣技艺龙被馆、陶艺馆、黎族民俗图腾馆和艺术馆等。这些展馆以丰富多样的形式呈现了黎族纺染织绣技艺、树皮布制作技艺和原始制陶技艺等独特文化，为游客带来了深刻的民族文化体验。

在非物质文化遗产创造性转化和创新性发展的实践中，海南槟榔谷黎苗文化旅游区通过多元化的举措，将黎族传统纺染织绣技艺文化与现代生活紧密结合，成为民族文化保护与旅游融合发展的典范。

槟榔谷黎苗文化旅游区创新性地建立了"黎族纺染织绣非物质文化遗产工坊"，形成了以黎族传统纺染织绣技艺为核心的完整产业链，包括设计、研发、生产、供应和销售各环节。该工坊不仅传承了黎族传统纺染织绣技艺，还提供了超过 50 个就业岗位，直接带动了近 200 人实现就业。这些就业人员构成多元化，包括 63 名本地居民、102 名高校毕业生、8 名退役军人、21 名脱贫人员和 2 名残疾人。通过将产业链与就业联动，槟榔谷成功推动了文化传承与区域经济发展的有机结合。

槟榔谷定期举办黎族传统纺染织绣技艺培训与交流活动，致力于培养和壮大黎族传统纺染织绣技艺人才队伍。景区与东华大学合作，在海南保亭设立传统工艺工作站，通过改良材料、优化设计、提升品质等方式，增强黎族传统纺染织绣技艺文化的市场竞争力。此外，槟榔谷还在全县 10 所中小学校推广"黎锦进校园"教学活动，累计培训学员超过 1 万人次。这些举措不仅提升了学生对黎族传统纺染织绣技艺文化的认同感与传承意识，也为黎族传统纺染织绣技艺注入了新鲜血液。

槟榔谷积极策划民族特色节庆活动，以推广黎族传统纺染织绣技艺文化为核心主题，先后举办了"三月三"、嬉水节和黎族传统纺染织绣技艺比赛等盛会。同时，组织非物质文化遗产传承人赴外地进行技艺展示和文化交流，促进传承人技艺水平的提高，也扩大了黎族传统纺染织绣技艺文化的影响力。

景区通过建立多层次的文化体验基地，集中展示黎族传统纺染织绣技艺文化。例如，黎族传统纺染织绣技艺传习所为游客提供参与黎族传统纺染织绣技艺制作的机会，让传统文化变得触手可及。同时，景区成立了黎族织锦传承村，打造沉浸式黎族传统纺染织绣技艺文化体验场所，并设立非物质文化遗产馆，从学术角度展示非物质文化遗产的历史与价值，这些设施为游客提供了丰富的文化互动体验。

槟榔谷整合保亭县内的旅游和非物质文化遗产资源，推出针对中小学生的研学游线路，让学生亲身体验非物质文化遗产活动。通过设计有趣且教育意义深刻的研学活动，吸引了大量学校和学生参与，显著提升了学生对黎族传统纺染织绣技艺文化的认同感。同时，这些活动扩大了保亭研学游的知名度，进一步提升了槟榔谷的品牌影响力。

4.4 海南非物质文化遗产与教育融合案例

教育在非物质文化遗产的创造性转化和创新性发展中发挥着关键作用。它不仅是知识传递的工具，更是文化传承的重要桥梁。通过教育，非物质文化遗产得以被现代社会广泛理解和接受，并在新的语境下实现再创造。

创造性转化是指通过现代教学手段传播传统文化，使其融入当代生活，与学生的日常体验相结合，焕发新的吸引力；创新性发展则意味着借助教育推动传统文化在现代社会中的延续与演变，赋予其新的形式和内涵。这不仅拓展了文化的传播途径，还为其发展注入了新的活力。

教育在非物质文化遗产的传承与创新中扮演着双重角色：一方面，它通过课程设计、实践体验等方式，为学生提供丰富的文化资源；另一方面，它通过激发学生的参与热情和创造力，帮助他们建立对本土文化的认同感与自信心。在这一过程中，教育不再只是单向的知识传授，而是一个双向互动的动态过程。通过理论学习与实践体验的结合，学生不仅能更深入地理解非物质文化遗产的核心价值，还能以创新的方式参与到文化的保护和发展中，为传统文化注入新的生命力。

儋州调声的创造性转化和创新性发展是海南非物质文化遗产教育中的典范案例。作为海南省首批入选国家级非物质文化遗产名录的项目，儋州调声历史悠久、风格独特，展现了极高的艺术价值与深厚的文化内涵。这一集歌唱、对唱、表演于一体的民间艺术，以其简洁明快的歌词与优美动听的旋律赢得了广泛的喜爱。然而，随着现代文化的冲击，特别是外来文化的影响，儋州调声逐渐在年轻一代中失去吸引力，传承面临断层的危机。

为破解这一困局，儋州市教育部门联合学校，积极推动调声进入课堂，特别是在儋州市第一中学和南开大学附属中学的实践中取得了显著成果。相关研究与实践表明，通过创新的音乐教学模式将调声融入中小学课程，不仅激发了学生对这一传统文化的兴趣，还实现了民间艺术与现代音乐教育的有机结合。

在课堂教学中，教师通过生动讲解调声的历史背景和文化价值，帮助学生深入了解这一艺术形式的文化底蕴。同时，多样化的教学设计使调声学习更具吸引力，教学活动包括歌唱、鉴赏和创作等环节，鼓励学生以多元方式参与学习。学生在实践中感受到调声的独特魅力，不仅掌握了传统技艺，还增强了对本土文化的认同感和自豪感。通过这一教育创新实践，儋州调声焕发出新的生命力，不仅在校园内得以传承，还通过学生的参与实现了调声艺术与现代文化的融合，成为非物质文化遗产创造性转化和创新性发展的成功典范。

在南开大学附属中学儋州市第一中学的调声教学实践中，教师创新性地采用分组演唱的形式，让学生演唱调声经典曲目，并模拟传统的对歌场景，极大地增强了学生的参与感与互动性。为了加深学生对调声艺术特点的理解，教师将现代音乐理论融入教学，通过对比分析调声的旋律、节奏与学生熟悉的现代音乐，帮助学生更直观地感受这一民间艺术的独特魅力。

这种教学设计不仅让学生掌握了调声的演唱技巧，还深化了他们对调声文化的认知和理解。在学习过程中，学生不仅学到了音乐技能，更亲身体验到海南民间文化的深厚底蕴与艺术价值。这一教育实践通过创造性转化的方式，将传统文化与现代教育紧密结合，使儋州调声在课堂中焕发出新的生命力。

通过这一模式，学生逐渐从学习者转变为传播者，将调声的艺术精髓传递到更广的范围。这种教育创新不仅有效解决了传统文化传承中的断层问题，还增强了学生对本土文化的认同感与自豪感，为非物质文化遗产的保护与传承提供了可借鉴的成功案例。

另一个非物质文化遗产教育的典型案例是黎族纺染织绣技艺在海南省初中教育中的创造性转化与创新性发展。作为海南省独具特色的传统手工艺，黎族纺染织绣技艺以其悠久的历史、精湛的工艺和浓厚的文化内涵，彰显了黎族人民的智慧与创造力。然而，随着现代纺织技术的发展，这一传统技艺逐渐丧失了实用价值，传承工作面临严峻挑战。

为应对这一危机，海南省在地方课程开发中，尤其是在海口市初中教育体系内，创新性地设计了一套完整的黎族纺染织绣技艺课程，将这一传统文化瑰宝引入校园。例如，在海口市第五中学，教师采用理论与实践相结合的教学模式，带领学生全面了解黎族纺染织绣技艺的文化背景及艺术价值，同时通过实际操作体验其独特魅力。课程内容由浅入深，首先通过历史渊源的讲解，帮助学生理解黎族纺染织绣技艺在黎族文化中的重要地位。随后，教师利用实物展示和纪录片等多媒体手段，让学生直观感受纺染织绣工艺的独特魅力。在实践环节，学生亲自动手参与制作小型纺织品，从选材、染色到织布，全程体验每个工艺步骤。这种体验式学习不仅让学生掌握了纺染织绣的基本技艺，还培养了他们对黎族文化的认同感和自豪感。

这种创新的教育模式成功实现了传统技艺的传承，同时为学生提供了一个深度接触非物质文化遗产的机会。在学习过程中，学生的动手能力与艺术鉴赏力得到了全面提升。通过将非物质文化遗产融入课堂，这一模式有效促进了传统文化的创造性转化和创新性发展，成为非物质文化遗产教育的示范性案例。

"琼剧进课堂"是海南省非物质文化遗产教育的成功典范，展现了传统戏剧文化在现代教育中的创造性转化和创新性发展。作为海南省最具代表性的传统戏剧之一，琼剧以其悠久的历史、丰富的内容和浓郁的地方特色，长期以来是海南人民文化生活的重要组成部分。然而，随着现代娱乐形式的兴起，琼剧的吸引力在年轻一代中逐渐减弱，面临传承危机。为推动琼剧的保护与传承，海南省教育厅联合海口市教育部门启动了"琼剧进校园"项目，将琼剧引入中小学课堂，融入艺术教育体系，成为学生感受本土文化的重要途径。

以海口市第一中学为例，学校在课程设置中融入琼剧历史、文化内涵和艺术特色的教学内容，通过理论与实践相结合的教学方式，让学生全面接触琼剧。课堂上，教师不仅讲解琼剧的起源与发展，还邀请专业琼剧演员进校表演经典剧目，近距离展示琼剧的独特表演风格与艺术魅力。通过现场表演，学生们能够更直观地感受到琼剧的音乐节奏、戏剧情感和表演技巧。

在实践环节中，教师组织学生排练琼剧片段，分角色进行表演，让他们亲身体验琼剧的表演过程。例如，学生通过模仿琼剧演员的动作、唱腔和表情，在舞台上演绎经典片段，不仅掌握了戏剧表演的基本技巧，还深刻感受到琼剧中蕴含的艺术韵味和文化内涵。这种沉浸式的教学方式极大地激发了学生的兴趣，使他们更加热爱琼剧，并对海南传统文化产生了强烈的认同感和自豪感。

"琼剧进课堂"项目通过创新的教育模式，将传统戏剧艺术融入现代教育，不仅实现了琼剧的创造性转化与传播，还为学生提供了一个了解和传承本土文化的平台，为海南非物质文化遗产的保护与发展提供了宝贵的实践经验。

这些成功案例充分展现了非物质文化遗产教育在创造性转化和创新性发展中的深远影响。

首先，非物质文化遗产教育通过创造性转化，不仅有效保护了传统文化，还借助现代教育手段实现了文化的传承与传播。以儋州调声为例，这一传统民间艺术在现代教学设计的推动下焕发新生。学生通过课堂亲身体验调声的歌唱与对唱，深刻感受到这一艺术形式的魅力，从而增强了对本土文化的认同感。黎族纺染织绣技艺则通过实物展示与实践操作，让学生在动手实践中掌握传统技艺的同时，领略到技艺背后的文化价值。而琼剧通过课堂表演与角色扮演，将这一地方戏剧文化深入学生的学习生活，不仅培养了传承人，也为其保护与发展开辟了新路径。

其次，非物质文化遗产教育通过创新性发展，显著促进了学生综合素质的提升。在这些案例中，学生不仅学习了传统文化的相关知识，还通过实践活动提升了动手能力、创造力和艺术鉴赏力。例如，黎族纺染织绣技艺的实践课程，不仅让学生掌握了技艺的基本操作，还培养了他们的创新思维和艺术感知能力。而琼剧课程中的角色扮演与戏剧表演，不仅增强了学生的语言表达能力和舞台表现力，也让他们更深入地感受到传统文化的艺术魅力。这些活动丰富了学生的学习体验，通过非物质文化遗产教育的创新发展推动了学生的全面成长。

最后，非物质文化遗产教育为现代教育注入了全新活力。将非物质文化遗产融入中小学课程，不仅拓展了教学内容，还通过创新教学设计使课堂更具吸引力。例如，儋州调声、黎族纺染织绣技艺和琼剧等非物质文化遗产的引入，使音乐、艺术和历史等课程内容更加贴近学生的生活实际，从而激发了学习兴趣。这种

跨学科的教学模式，不仅提升了学生的文化素养，也为教育内容
的多元化探索提供了新方向。

总之，海南非物质文化遗产教育的创造性转化和创新性发展
通过多个成功的实践案例，展示了非物质文化遗产教育在文化传
承、学生综合素质提升以及教育创新中的重要作用。通过将儋州
调声、黎族纺染织绣技艺和琼剧等传统文化项目引入课堂，海南
省不仅为保护传统文化提供了坚实的基础，也为非物质文化遗产
在现代教育中的创新发展提供了宝贵经验。这些实践成果不仅助
力海南文化的繁荣与传承，也为其他地区的非物质文化遗产教育
探索提供了可借鉴的模式与路径。

4.5 海南黎族传统体育创造性转化和创新性发展案例

海南黎族传统体育作为黎族历史文化的重要组成部分，展现
了黎族人民深厚的历史积淀和丰富的文化底蕴。这些体育项目不
仅是黎族人在长期生产生活中逐渐形成的独特文化形式，更是其
社会结构、宗教信仰与自然观念的综合体现。它们起源于黎族人
的日常劳动、生活实践，以及对自然力量的敬畏与崇拜，因而具
有浓郁的地域特色和民族风格。

在与海南特殊自然环境的长期共生中，黎族人民不断发展和
完善这些传统体育项目，使之成为适应当地气候、地理条件和生
活方式的独特文化符号。这些活动不仅涵盖竞技、舞蹈、娱乐等
多种形式，还深刻反映了黎族人对身体素质的重视，以及他们与

自然、社会和谐共存的理念。例如，竹竿舞以节奏鲜明、动作协调的形式展现了黎族人敏捷的身手与团队协作能力；顶牛比赛体现了体能与意志的双重较量；弹弓和打陀螺等项目则融合了娱乐性与技巧性，反映了黎族人在生活实践中培养出的精准与耐心。这些传统体育项目不仅展示了黎族人在体能、技巧与团队合作方面的高超能力，还蕴含着黎族文化中注重协调、合作与共同生存的核心价值观。

通过世代相传，这些体育项目已成为黎族文化的重要载体，承载着黎族人民对历史、生活和民族精神的深刻理解。它们不仅丰富了黎族的文化内涵，也为海南的文化多样性增添了独特的色彩，展现了人与自然、人与社会之间的深厚联系。

黎族传统体育活动不仅种类丰富多样，还与节庆、宗教仪式和民间习俗紧密相连。这些体育活动常借助"三月三"等重要节庆进行集中展示，成为黎族文化的生动表达。其中，竹竿舞作为"三月三"节日中最为重要的表演项目之一，集艺术性、娱乐性和竞技性于一体，深刻反映了黎族人民对美好生活的向往与追求。

竹竿舞的表演充满动感与活力，通过节奏鲜明的竹竿敲击与舞者动作的精准配合，展现了黎族人民卓越的身体素质和艺术表现力。这项活动不仅是一种娱乐形式，更是一种深刻的文化象征。竹竿舞在表现黎族人民生活智慧的同时，也反映了他们对集体合作精神的高度认同。在黎族社会中，合作与协调是共同体生存的核心，这一理念在竹竿舞的节奏、动作以及团队默契中得到了淋漓尽致的体现。

除了竹竿舞，顶牛和弹弓等竞技项目同样在黎族传统体育中占据重要地位。顶牛起源于黎族早期的狩猎与军事活动，参赛者单脚站立，用膝盖顶撞对方，以展示力量和技巧。这项活动不仅是一种力量与耐力的较量，更是黎族人民在面对自然挑战和早期生产生活中所展现的智慧与勇气的象征。而弹弓则源于黎族的狩猎传统，通过精准射击获取食物，体现了黎族人在日常生活中高度的技能与机敏。这些体育项目不仅具备强烈的娱乐功能，同时也生动展现了黎族人与自然环境之间和谐共生的关系。

总体而言，黎族传统体育活动既是黎族文化的重要表达形式，也是黎族人民日常生活智慧和精神内核的象征。无论是竹竿舞的合作与协调，还是顶牛和弹弓的力量与技巧，这些活动都在展现黎族文化魅力的同时，丰富了海南多元文化的内涵。

黎族传统体育活动不仅限于节庆场合，还深深融入了黎族人的日常生活，成为日常娱乐与社交的重要组成部分。这些体育项目不仅满足了黎族人民的娱乐需求，还在增强社区凝聚力和集体归属感方面发挥了重要作用。在参与这些活动的过程中，黎族社会成员彼此联系更加紧密，社区意识和集体认同感得以进一步强化。对黎族社会而言，体育活动不仅是身体锻炼的方式，更是社会互动的重要途径。通过集体参与和合作，这些活动促进了社区成员之间的团结，成为黎族文化的一种独特表达。例如，竹竿舞不仅要求舞者之间高度的默契与配合，还常常邀请观众的参与和互动，这种广泛的参与性在一定程度上增进了社会成员之间的联系。顶牛和弹弓等竞技项目则通过对抗性和竞争性设计，既展示了个人能力，也强化了集体合作意识。参与者在这些活动中，不仅感受到竞技的乐趣，还实现了自我价值的认同。这种通过体育活动实现的社会互动，使黎族传统体育成为社会结构中不可或缺的一部分，有力地推动了黎族社会的稳定发展和文化传承。

此外，黎族传统体育的传承不仅依赖于集体活动和节庆表演，许多体育项目的技巧和规则通过长辈向晚辈的言传身教代代相传。这种口传心授的传承方式，不仅保留了体育项目原有的文化内涵，还增强了年轻一代对黎族文化的认同感与责任感。对于黎族人而言，传统体育不仅是历史文化的象征，也是家庭、社区和社会文化传承的重要载体。通过参与这些体育活动，年轻一代能够深刻理解黎族文化的根源，从而更坚定地承担起传承民族文化的使命。在这一过程中，传统体育的传承不仅是技艺与规则的延续，更是文化价值观的传递与复兴。特别是在现代化和全球化的冲击下，黎族传统体育通过这种独特的传承方式，确保了文化的延续性和生命力。这种深刻的文化认同和传承，为黎族人民在现代社会中保持独特文化特征提供了坚实基础。

在当代社会背景下，黎族传统体育文化的重要性愈加凸显。作为中华民族非物质文化遗产的重要组成部分，黎族传统体育项目展现了黎族人民独特的生活方式、精神世界，以及他们对自然环境的深刻理解。这些体育活动的技巧和规则多源于黎族的生产生活实践，具有显著的实用性和适应性。通过这些活动，黎族人民不仅体现了他们在与自然长期共生中积累的经验与智慧，也在全球化背景下通过这些传统体育活动向世界展示了黎族独特的文化价值和民族精神。其次，黎族传统体育活动的传承与发展具有重要的文化意义。这些活动通过世代相传，不仅连接了黎族的历史、当下与未来，还为黎族人民在现代社会中提供了文化认同的重要支撑。在全球化进程中，许多少数民族文化面临同化或淡化的威胁，而黎族传统体育凭借其鲜明的民族性和独特性，在文化保护与传承中发挥了不可替代的作用。保护和发展这些传统体育项目，不仅使黎族人民能够保持对自身文化的认同感，还通过这些项目向世界展现了他们深厚的文化传统与独特的民族风貌。

此外，黎族传统体育还具有显著的社会功能。通过集体参与和互动，这些体育活动促进了社会成员之间的沟通与交流，增强了社区的凝聚力。在现代社会中，这些活动的影响已经超越了黎族社区的内部文化交流，吸引了更广泛的关注。比如，竹竿舞不仅是一项集艺术性、表演性和娱乐性于一体的体育活动，其参与性极强的互动环节还能让观众与表演者建立紧密联系，从而展现黎族文化的独特魅力。而顶牛和弹弓等竞技项目，则通过比赛形式增强了参与者的团队意识和角色感。在节庆活动中，这些传统体育项目不仅是黎族人民展示力量与技巧的舞台，也是强化族群内部凝聚力和集体认同的重要方式。

随着这些体育活动在现代社会中的推广与传播，它们逐渐超越了单一的民族界限，成为促进不同文化群体之间理解与交流的桥梁。黎族传统体育不仅仅是一种身体竞技和娱乐形式，更是黎族人民与自然、社会长期互动中积淀下来的文化智慧的象征。这些活动通过身体运动与精神内涵的结合，传递了黎族人民对生活、社会与自然的深刻理解。例如，竹竿舞通过精妙的动作设计与节奏展现了黎族人对和谐生活的追求，而顶牛与弹弓则通过竞技形式反映了黎族人民在面对挑战时的勇气、智慧与合作精神。

因此，保护和传承黎族传统体育不仅是对黎族文化遗产的尊重与延续，更是对中华文化多样性与丰富性的守护。随着社会的不断发展，如何通过创造性转化和创新性发展，使这些传统体育项目在新的社会环境中焕发出新的生命力，已成为文化保护工作的重要课题。通过融合现代教育、科技和传播方式，这些富有活力的传统体育活动不仅可以在更广泛的范围内推广，还能够在当代社会中继续发挥其独特的文化价值，为中华文化的多元发展注入新的动力。

海南黎族传统体育的创造性转化和创新性发展，成功实现了传统文化与现代社会需求的结合。例如，竹竿舞作为最具代表性的黎族传统体育项目之一，通过与海南旅游产业的结合，成为文化与经济结合的典范。竹竿舞不仅在节庆中展示民族风情，还通过与旅游项目的结合，成为吸引游客的重要文化亮点。在五指山、保亭等旅游区，竹竿舞不仅作为一项表演项目展示给游客，还通过设置互动体验环节，增强了游客的参与感和文化认同感。游客在专业指导下与表演者一同体验竹竿舞的基本动作与节奏，通过这种方式，竹竿舞不仅作为一种文化活动得以延续，还成为具有经济价值的旅游产品。这种创造性转化使得竹竿舞不仅保留了黎族文化的精髓，还为海南的旅游产业注入了新的活力。

　　同样，顶牛这一传统竞技项目的现代传播与创新发展也取得了显著成果。顶牛原本是黎族乡村节庆活动中的一项传统竞技项目，但随着现代娱乐方式的多样化，顶牛在年轻一代中的影响力逐渐减弱。然而，借助社交媒体和数字化传播技术，顶牛得以重新走入大众视野。通过抖音、快手等平台，顶牛比赛的视频迅速传播，吸引了大批年轻观众的关注。短视频平台的传播不仅使顶牛这一传统项目重新获得了年轻一代的兴趣，也通过现代化的传播方式，使得这一传统体育项目重新焕发了活力。在观看视频的过程中，观众不仅可以了解顶牛的比赛规则，还能欣赏参赛者展示出的力量、技巧与团队合作精神。教育领域的创新同样推动了黎族传统体育的传承与发展。海南省的一些学校将竹竿舞、顶牛和弹弓等黎族传统体育项目纳入体育课程，学生们通过系统化的课程学习和实践，既能掌握传统体育项目的技巧，也能通过课堂教学了解这些体育项目的文化背景与历史渊源。通过这种方式，黎族传统体育项目不仅在校园中得到了有效传承，还增强了学生对黎族文化的认同感与责任感。同时，学校定期组织黎族传统体育比赛，通过这种竞赛形式，不仅促进了学生之间的互动和合作，也为黎族传统体育项目的延续提供了平台。

　　科技的进步为黎族传统体育的创新发展提供了新的途径。例如，海南省的文化和旅游部门通过虚拟现实（VR）技术，将竹竿舞、顶牛等传统体育项目融入沉浸式的文化体验中，游客可以通过VR设备在虚拟场景中参与这些体育项目，体验其独特的节奏与规则。这种科技的应用打破了传统体育项目的地域限制，使得现代观众能够以全新的方式感受黎族传统体育的魅力。同时，VR 技术为这些传统体育项目提供了更加广泛的传播平台，使其在全球范围内获得了更多的关注和认可。

此外，海南省通过举办少数民族运动会，推动了黎族传统体育的竞技化与规范化发展。竹竿舞、顶牛、弹弓等传统项目被纳入正式比赛项目，参赛选手在竞技舞台上充分展示了这些体育项目的独特魅力。同时，比赛规则的标准化与规范化提升了项目的竞技水平，为未来的专业化发展奠定了坚实基础。这种通过竞技赛事推广的方式，不仅让更多人了解并参与黎族传统体育，也为其持续发展提供了新动力。

总之，海南黎族传统体育通过与旅游业、数字媒体、教育和现代科技的多维度结合，不仅实现了文化的保护与传承，还焕发出了新的生命力。这种创造性转化和创新性发展充分展示了传统文化与现代社会需求融合的巨大潜力，同时为其他少数民族文化的保护与传承提供了宝贵经验与启示。在全球化与现代化的浪潮中，黎族传统体育正以独特的方式诠释文化传承与创新发展的可能性，为中华文化的多样性注入新的活力。

5. 其他地区非物质文化遗产案例

5.1 余杭纸伞制作技艺

余杭纸伞制作技艺是浙江省杭州市余杭区瓶窑镇的一项历史悠久的传统手工艺，距今已有 250 余年的传承历史。凭借其精湛的工艺与深厚的文化内涵，余杭纸伞被誉为独具地方特色的传统手工艺品。

余杭纸伞的制作工序复杂而精细，涵盖选材、伞骨制作、糊伞面、绘画装饰等多个步骤，凝聚了工匠的智慧与巧思。伞骨的制作通常选用质地坚韧、富有韧性的竹子，经烘烤和蒸煮等多道工序处理后，伞骨坚固且耐用。伞面则采用优质纸张，经反复上浆、晾晒处理，具备优良的防水性能。在装饰环节，工匠们以细腻的手法在伞面上绘制传统图案，如花鸟虫鱼、山水风景等，赋予每一把纸伞独特的艺术魅力。这些图案不仅传递了中华传统文化的意境之美，更彰显了余杭纸伞的非凡艺术价值。

然而，20 世纪中期，随着现代化雨伞的大规模生产与普及，传统纸伞市场遭受了前所未有的冲击。余杭纸伞的生产逐渐萎缩，许多老工匠被迫转行，传统技艺传承一度面临断层与失传的危险。

转机出现在 2007 年，余杭纸伞制作技艺被列入浙江省省级非物质文化遗产名录，这标志着传统技艺的保护与传承得到了官方的重视与支持。2008 年，在政府和社会各界的共同努力下，通过举办展览、比赛、培训等活动，人们对传统纸伞的兴趣被重新唤起，余杭纸伞制作技艺逐步走出困境。自 2015 年以来，余杭纸伞制作技艺在"创造性转化、创新性发展"的方针指导下，积极探索传统与现代的结合之道。工匠们将传统技艺融入现代设计理念，推出兼具传统工艺和现代审美的纸伞产品。这些产品不仅保留了余杭纸伞的文化韵味，还更加符合现代消费者的需求。同时，通过互联网和新媒体平台，余杭纸伞的市场范围不断拓展，成为兼具文化价值与实用价值的时尚商品，广受消费者喜爱。

余杭纸伞不仅是一件手工艺品，更是中华民族非物质文化遗产的重要组成部分，承载着丰富的历史记忆与文化价值。它的复兴之路展现了传统工艺在现代社会中的适应能力与发展潜力。通过传承与创新的结合，余杭纸伞不仅实现了自我复苏，更为其他濒危传统手工艺的保护与发展提供了有益借鉴。今天，余杭纸伞已不仅仅是一种工艺象征，更是一座连接历史与现代、传统与未来的文化桥梁，展现了中华传统文化的无尽魅力与顽强生命力。

　　传承与创新是余杭纸伞制作技艺实现创造性转化和创新性发展的核心。通过多方努力，这项传统技艺在现代社会中焕发了新的生命力，成功实现了保护与发展的双重目标。

　　政府在余杭纸伞的传承与发展中发挥了至关重要的作用。通过政策支持和资金投入，政府为这一传统技艺的保护与创新提供了有力保障。同时，政府还组织了多种文化交流活动，如非物质文化遗产文化节、手工艺展览等，为余杭纸伞提供了展示和推广的平台。这些活动不仅提升了余杭纸伞的知名度，也为更多人了解和接触这一传统技艺提供了机会。

　　传承人是余杭纸伞制作技艺的核心力量，他们既是技艺的传承者，也是文化的传播者。通过定期举办技艺培训班和工作坊，传承人将纸伞制作的每个步骤详细传授给学徒，确保技术的精准延续和创新。同时，现代设计师的加入为余杭纸伞注入了新的活力。设计师们在保留传统工艺精髓的基础上，将现代设计理念与传统纸伞结合，改良了伞面图案、色彩搭配和形状设计，使纸伞在现代市场上更具吸引力。例如，一些设计师在伞面上融入现代艺术图案，或采用更加鲜艳的色彩，使其既保留传统美感，又符合当代审美趋势。

　　作坊师傅是传统工艺的实际操作者，他们通过精湛的技艺确保每一把纸伞的质量。这些师傅不仅需要精通制作工艺，还要不断改进技术、提高生产效率和降低成本。多年的实践经验使他们在保持传统技艺的同时，逐步探索出新的制作方法，以适应市场需求和技术发展。在创新的过程中，作坊师傅始终坚持保留传统工艺的核心精髓，尤其在设计新图案时，他们严格遵循传统绘画技法和美学原则，确保每一把纸伞都能承载深厚的文化底蕴。

在传承的基础上，余杭纸伞的产品种类不断丰富，除了传统的雨伞外，还开发了装饰伞、礼品伞等多种新型产品，满足了不同消费者的需求。此外，结合现代科技，余杭纸伞还创新性地推出了具有防晒、防紫外线功能的纸伞，提升了其实用性，使其在市场上更具竞争力。这些创新不仅使余杭纸伞更好地融入现代生活，还使其在传统与现代的结合中找到了新的发展机遇。

在材料与工具的创新方面，余杭纸伞制作技艺也实现了创造性转化和创新性发展，从材料选择、新工具的运用到生产流程的优化，都体现了传统技艺与现代技术的结合。

传统的余杭纸伞通常选用优质竹子和纸张，经过多次上浆和晒干处理，以确保其坚固耐用。为了更好地适应现代需求，工匠们在材料选择上做出了创新。例如，采用新型防水纸张和环保染料，不仅提升了纸伞的耐用性，也增强了其环保性能。与此同时，伞骨的竹材选择上也进行了优化，选用更加坚韧且美观的竹材，使得纸伞在保持传统风格的同时，具备了更高的韧性与视觉美感。

传统的制作工具在效率和精度上存在一定局限，为了提高生产效率与产品质量，工匠们引入了现代化的工具与技术。激光切割技术的应用，使得伞骨的制作更加精确，减少了手工操作中的误差，确保了每把纸伞的一致性和高质量。此外，自动化生产设备的引入，进一步提高了生产效率，降低了工艺复杂性，使得部分制作环节可以更加高效地完成。这些现代工具的运用，不仅保留了传统工艺的精髓，也让生产过程更加精细与高效。

在保持传统工艺的基础上，工匠们对生产流程进行了优化，减少了不必要的工序，从而提高了生产效率。例如，在糊伞面过程中，改进了上浆工艺，使纸张的防水性能得到了增强，并且缩短了干燥时间，既提升了产品质量，也缩短了生产周期，降低了生产成本。这些流程改进使得余杭纸伞的生产更具现代化竞争力，同时保持了其传统工艺的独特魅力。

为了确保余杭纸伞制作技艺的传承与保护，政府和企业联合开设了技艺传承培训班。这些培训班不仅提供了制作技艺的实操课程，还深入讲解了纸伞的文化历史和艺术价值，使学员能够全面了解这一传统技艺的内涵。同时，一些高校与企业合作，开设传统工艺课程，让学生在校期间便能接触和学习余杭纸伞的制作技艺。通过实践活动，学生不仅掌握了具体的技艺，还增强了对传统文化的认知和兴趣。这种校企合作模式，不仅培养了后备力量，也为企业注入了新鲜血液。

通过材料创新、工具更新和生产流程优化，余杭纸伞制作技艺成功实现了传统工艺的创新转化和发展。同时，传承与教育的结合，为这一非物质文化遗产的延续提供了坚实的保障。余杭纸伞不仅在现代社会中得到了更广泛的认同与应用，也在全球化的背景下展现了其独特的文化魅力与价值。

5.2 景德镇传统陶瓷手工技艺

景德镇，作为中国陶瓷文化的发源地之一，以其卓越的制瓷技艺和深厚的文化底蕴闻名于世。景德镇陶瓷的历史可以追溯到东汉时期，经过几千年的发展，已成为中国瓷器的代表之一。传统景德镇陶瓷技艺涵盖了采泥、制坯、施釉、烧制等多个复杂工艺，每一个环节都需要工匠的精细操作和高度专业的技术。景德镇陶瓷不仅具有实用性，还承载了丰富的文化和艺术价值，成为中国文化的象征之一。然而，随着工业化进程的加速和现代化生产方式的普及，传统手工制瓷面临着严峻的挑战。机械化生产虽然降低了成本、提高了产量，但无法与手工制瓷的工艺性和艺术性相比。传统陶瓷手工艺因此面临着传承断层和市场萎缩等困境，急需在保护与发展过程中找到新的出路。景德镇的创造性转化和创新性发展，正是在设计创新、市场化运作、技艺保护推广、教育结合和国际交流等多方面取得突破。

设计层面创新。为了适应现代市场需求，景德镇的陶瓷工艺逐渐融入了现代设计元素。设计师们在保留传统技艺的基础上，创新性地加入现代艺术风格，使传统陶瓷作品更符合当代审美。例如，设计师在传统瓷器上绘制现代抽象画，或采用简约的线条和色块，使瓷器既保留了传统工艺的精髓，又具有现代艺术的气息。除了设计上的创新，景德镇陶瓷技艺在技术上也进行了革新。例如，采用新型环保釉料，提高了瓷器的环保性和耐用性；

海南自由贸易港建设中的非物质文化遗产创造性转化
和创新性发展研究

引入数字化设计和 3D 打印技术，优化了制坯和雕刻过程，提高了生产效率和产品一致性。这些技术创新不仅提高了产品质量，还拓宽了陶瓷工艺的应用范围，使其能够更好地满足现代消费者的多样化需求。

市场化运作。为了提高景德镇陶瓷的市场竞争力，相关企业和组织致力于品牌建设。通过塑造品牌形象，讲述品牌故事，提升品牌附加值。景德镇陶瓷不仅是一件产品，更是一种文化的象征。通过品牌化运作，景德镇陶瓷逐渐在国内外市场树立了良好的形象，吸引了大量消费者。景德镇陶瓷还积极开展跨界合作，与时尚、家居、艺术等领域的品牌合作，开发出具有多功能性的陶瓷产品。例如，与时尚品牌合作，推出陶瓷首饰、手袋等；与家居品牌合作，开发高端餐具、装饰品等。这些跨界合作不仅提升了陶瓷产品的市场价值，还扩大了景德镇陶瓷在全球的市场影响力。

技艺保护推广。在进行创新的同时，景德镇陶瓷工匠始终坚持保护和传承传统技艺。例如，通过建立陶瓷博物馆和非物质文化遗产传习所，展示和传播传统陶瓷制作过程和文化内涵。定期举办技艺展示和培训活动，将传统技艺传授给年轻一代，确保技艺的延续和传承。通过举办陶瓷文化节、国际陶瓷博览会等活动，提升景德镇陶瓷的知名度和影响力。这些文化活动不仅展示了景德镇陶瓷的艺术魅力，还促进了国内外陶瓷文化的交流与合作。例如，每年一度的景德镇国际陶瓷博览会吸引了大量国内外陶瓷艺术家和爱好者前来参观和交流，推动了景德镇陶瓷在国际市场的推广〔1〕。

教育结合。景德镇的高校与陶瓷企业紧密合作，开设陶瓷艺术与设计课程，培养新一代的陶瓷艺术家和设计师。学生通过理论学习和实践操作，全面掌握陶瓷制作技艺和设计创新方法，为陶瓷行业培养了大量专业人才。同时，政府和企业联合开设传承人培训计划，通过系统的教育和培训，将传统技艺传授给更多年轻人。这些传承人不仅要掌握技艺，还需具备一定的市场敏锐度和创新能力，能够在传统技艺的基础上进行创造性转化和创新性发展。

国际交流。通过参加国际陶瓷展览和文化交流活动，景德镇陶瓷逐渐在国际市场上崭露头角。国际交流不仅展示了景德镇陶瓷的艺术魅力，还促进了中外陶瓷文化的交流与融合。与国外陶瓷艺术家的合作，为景德镇陶瓷吸纳了多元化的设计理念和艺术风格，进一步丰富了陶瓷产品的多样性和艺术性，使其在全球范围内获得更多的关注与认可。

景德镇陶瓷的创造性转化和创新性发展，体现了传统工艺与现代技术、设计及市场需求的有机结合。通过创新的设计理念、市场化运作、技艺传承与教育结合，景德镇陶瓷不仅走出了困境，还焕发出了新的生命力。这一过程中，景德镇不仅保护了传统技艺，还推动了中国陶瓷文化在全球的传播与发展，成为文化与创意产业融合发展的典范。

---

〔1〕 陈正军，邹华. 陶瓷文化创意产业背景下景德镇陶瓷文化旅游研究 [J]. 现代装饰（理论），2013，（12）：196.

5.3 贵州省黔东南州丹寨县非物质文化遗产的创造性转化和创新性发展

丹寨县位于贵州省黔东南州西部，汇集了 7 个国家级非物质文化遗产和大量省级、州级、县级非物质文化遗产。丹寨县多民族聚集，拥有丰富的民族文化资源，如苗族的芦笙舞、蜡染、古法造纸等传统技艺。这些技艺不仅展示了丹寨县独特的民族文化魅力，也承载着历史和技艺传承的重任。随着现代化和城市化的快速推进，传统手工艺面临着传承断层、市场萎缩等挑战。年轻一代对传统技艺的兴趣减弱，许多传统手工艺逐渐失去了生存空间。为了应对这些挑战，丹寨县政府和相关组织采取了一系列措施，通过创造性转化和创新性发展，实现了这些非物质文化遗产和非物质文化遗产文化的现代传承和可持续发展。

创新与现代化改造。丹寨县在传统技艺上进行了创新与现代化改造。以古法造纸技艺为例，尽管这一技艺历史悠久，但传统工艺烦琐且效率较低。为提高生产效率，当地引入了现代化的造纸工具和技术。例如，改进了捞纸工具，使纸张制作过程更加快捷且均匀，同时减少了手工操作的劳累。这些改进不仅保留了古老技艺的核心要素，也大幅提升了生产效率和产品质量。同样，蜡染技艺也在创新中焕发新生。传统的苗族蜡染以天然染料和手工绘制为主，样式较为单一。为了适应现代市场的需求，丹寨的工匠们开始使用新型染料，结合现代设计元素，创造出更具时尚感和多样化的产品，例如时尚服饰和家居饰品等。这些创新不仅吸引了更多年轻消费者的目光，也让蜡染技艺焕发了新的生命力。

市场化运作与文创开发。为了让非物质文化遗产技艺更好地融入现代生活，丹寨县大力开发文创产品。结合古法造纸技艺制作的手工纸灯笼、书签、贺卡等产品，既具有传统工艺的特色，又满足了现代消费者的需求。这些文创产品在市场上取得了良好的反响，增加了非物质文化遗产技艺的附加值。此外，在旅游业发展的推动下，丹寨县将非物质文化遗产技艺融入旅游商品的开发中。万达小镇是丹寨县的重要旅游项目，设有多个非物质文化遗产技艺体验区，如古法造纸、蜡染和鸟笼制作等。游客不仅可以参观这些传统技艺的展示，还可以亲自动手制作自己的作品。这种互动式的体验不仅提高了游客的参与度，也促进了非物质文化遗产技艺的传播和保护。例如，在古法造纸体验区，游客可以在传承人的指导下，制作属于自己的手工纸灯笼。在旅游景区设立非物质文化遗产体验店，游客可以亲手制作蜡染手帕、纸灯笼等手工艺品。这种体验式旅游不仅增强了游客对非物质文化遗产文化的理解和兴趣，也为非物质文化遗产技艺的传承和推广开辟了新的途径。

教育传承与社区参与。丹寨县结合非物质文化遗产文化和教育资源，推出了研学旅游项目。在中小学和高校中开设非物质文化遗产技艺课程，通过系统的教学计划，让学生学习和实践非物质文化遗产技艺。例如，中小学生通过研学活动了解古法造纸和蜡染技艺，既丰富了课程内容，又增强了文化自信。这种模式不仅提高了学生对非物质文化遗产文化的认知，还培养了新一代的非物质文化遗产传承人。为解决传承断层的问题，丹寨县成立了多个非物质文化遗产技艺传承合作社，如蜡染合作社和鸟笼制作合作社。这些合作社不仅负责技艺的传承，还进行产品的设计和市场推广。通过合作社的运作，传统技艺得到了有效保护和传承，产品也得到了市场认可。例如，蜡染合作社开发的现代服饰和家居用品，成为市场上的畅销产品。这些产品不仅保留了传统技艺的精髓，也融合了现代设计元素，深受消费者喜爱。这些合作社打破了传统的家庭传承模式，将技艺传承扩大到社区层面。合作社不仅进行技艺培训，还负责产品的设计和销售，形成了完整的产业链。通过这种模式，不仅提高了传承效率，也促进了非物质文化遗产技艺的市场化。

　　数字化保护与传播。为了更好地保护和传承非物质文化遗产技艺，丹寨县建立了非物质文化遗产文化电子数据库，详细记录了各类非物质文化遗产技艺的资料和传承人信息。通过数字化手段，将这些资料保存并在互联网平台上进行展示和传播，提高了非物质文化遗产文化的知名度和影响力。非物质文化遗产技艺的数字档案实现了长久保存和广泛传播，让更多人了解和学习非物质文化遗产文化。同时，利用 VR 和 AR 技术开发非物质文化遗产文化的互动体验项目。游客可以通过 VR 设备，身临其境地体验非物质文化遗产技艺的制作过程，增加了互动性和沉浸感。例如，通过 VR 技术，游客可以"亲自"体验古法造纸的全过程，增强对非物质文化遗产文化的感知和理解。

丹寨县通过创新与现代化改造、市场化运作、教育传承、社区参与和数字化传播等多方面的措施，成功实现了非物质文化遗产技艺的现代传承与可持续发展。这些举措不仅保护了传统技艺，也将其推向了更广阔的市场和更年轻的受众，展现了传统文化与现代生活的完美融合。

5.4 河北梆子的创造性转化和创新性发展

在非物质文化遗产的传承与发展过程中，创造性转化和创新性发展逐渐成为当今文化保护的关键策略。河北梆子，作为中国传统戏曲中的重要剧种，以其独特的艺术魅力和深厚的文化内涵，成为非物质文化遗产保护的重中之重。然而，随着现代化的迅速推进，河北梆子面临着传承困境，尤其是在年轻一代中，它的影响力逐渐减弱。在这一背景下，如何在保持其核心文化特质的同时，实现创新性发展，成为亟待解决的问题。通过动画这一数字媒介形式进行创造性转化，为传统戏曲的文化传播提供了全新的方式。利用动画技术，将河北梆子的经典剧目与现代技术相结合，不仅保留了戏曲的艺术精髓，还能以更加生动、有趣的形式吸引年轻观众。这种创新手段为非物质文化遗产的现代化传承开辟了新的路径，拓展了河北梆子的传播渠道。

河北梆子作为地方戏曲的代表，不仅具有艺术上的独特性，还蕴含着深厚的文化历史。其高亢激昂的唱腔和丰富的表演形式，展现了河北地区独特的民俗风情。然而，随着社会的变迁，河北梆子逐渐面临受众老龄化、青年人群关注度低等问题，传统的传播方式也逐渐失去活力。传统戏曲表演通常依赖于剧场这一特定空间，而现代社会快节奏的生活方式和多样化的娱乐选择，使得年轻一代难以持续关注传统戏曲。因此，如何有效拓宽受众范围、吸引年轻观众，已成为河北梆子传承与发展的核心问题。

随着文化传播方式的不断演进，单纯依赖剧场演出的模式已经难以满足现代观众，尤其是年轻一代的需求。河北梆子面临的挑战不仅在于传承人才的断层问题，还包括观众群体的流失和新受众的培育困难。在这种背景下，文化保护者们意识到，传统戏曲必须通过与现代技术相结合，寻求新的传播手段，以保持其在当代文化中的生命力。

创造性转化是指在尊重传统文化精髓的前提下，通过创新的表现形式和传播手段，使传统文化与现代生活紧密结合，从而赋予其新的时代内涵。河北梆子的创造性转化，不仅仅是形式上的变化，更是在内容上进行的深度挖掘和再现。通过现代媒介的介入，河北梆子不仅突破了时间和空间的限制，还能在当代社会中展现出独特的文化魅力。

在数字时代，短视频、动画等媒介形式已经成为人们日常接触信息的主要渠道。与传统的戏曲舞台表演相比，数字化传播具有广泛性、即时性和强互动性的特点。将河北梆子进行数字化转型，尤其是通过动画的方式展示其表演艺术，不仅能够吸引年轻观众的兴趣，还可以借助社交媒体等平台进行更广泛的传播，实现受众群体的跨越式扩展。因此，河北梆子的创造性转化成为非物质文化遗产传承过程中不可或缺的一部分。

在河北梆子动画化的具体实践中，创作者将传统戏曲的元素与现代动画技术进行了有机融合。首先，角色的设计严格遵循了河北梆子传统服饰、妆容和表演动作的美学要求。例如，动画中的角色面部表情和服饰纹样均源于戏曲中的典型脸谱设计，通过色彩的适度夸张和现代审美的融入，使角色既保持了传统戏曲的核心特质，又具备了现代观众易于接受的视觉特征。

在情节设计上，创作者选取了河北梆子中最具代表性的经典剧目进行改编，并根据动画的特性对情节进行了调整和优化。通过动态背景的切换和叙事节奏的调整，河北梆子故事中的戏剧情感和人物关系得到了更为丰富的展现。例如，角色的情感转变不再受限于舞台表演的时空局限，而是通过动画中丰富的场景变化和人物表演，展现出更具感染力的叙事效果。这种情节处理方式不仅让故事更加连贯流畅，也帮助观众更好地理解和体验传统戏曲的艺术魅力。

在技术层面，动画的灵活性和可塑性为戏曲创作提供了更多可能性。传统戏曲中的表演动作、唱腔节奏等均能通过动画进行细致的重现与强化。同时，动画还具备了戏曲表演无法比拟的叙事优势。例如，通过镜头语言的变化、光影效果的渲染等手段，增强了故事的戏剧性和观众的视觉体验。这种多维度的表现手法，使河北梆子的文化内涵得到了更为深刻的呈现，也赋予了传统艺术更加现代和生动的面貌。

　　河北梆子动画化的数字传播主要依托抖音、哔哩哔哩等新兴
社交媒体平台进行推广。这些平台的用户群体以年轻人为主，具
有极强的互动性和广泛的传播效应。借助短视频这一便捷、高效
的传播形式，河北梆子动画作品迅速吸引了大量关注，并在短时
间内积累了可观的播放量，尤其在年轻观众群体中引发了热烈讨
论，充分展现了数字化传播在拓宽戏曲受众方面的巨大潜力。

　　然而，从初步传播效果来看，尽管河北梆子动画作品在播放
量和受众覆盖面上取得了一定成功，但在用户完播率和深度互动
方面仍存在优化空间。这一现象表明，创作者需要进一步调整内
容结构和叙事节奏，以契合短视频平台用户对快节奏、高信息密
度内容的偏好。同时，增强互动设计，如结合用户反馈、增加互
动式剧情或设立观众参与机制，不仅能够提升用户对河北梆子文
化内涵的理解，还能进一步激发他们的兴趣和参与感。

　　河北梆子动画化的实践，不仅是一场技术创新，更是一场文
化传播理念的革新。这一探索表明，非物质文化遗产的创造性转
化可以借助数字媒体，实现从传统展演模式向现代传播方式的跨
越。通过动画这一媒介，河北梆子突破了舞台演出的时空局限，
进入更广阔的文化消费市场。这种创新不仅为传统戏曲注入了新
的活力，也为其他非物质文化遗产的现代化传播提供了宝贵的经
验和借鉴。

　　此外，河北梆子动画化的成功案例表明，非物质文化遗产的
创新性发展离不开对现代传播工具的运用。数字技术为传统文化
的保护与传承提供了前所未有的机遇，通过这种技术与文化的深

度融合，河北梆子实现了从"被动展示"到"主动传播"的转变。未来，随着技术的进一步发展，非物质文化遗产与数字技术的结合将带来更多的可能性，推动传统文化在现代社会中的复兴与发展。

河北梆子的动画化传播实践，为非物质文化遗产的创造性转化和创新性发展提供了典型案例。通过与现代数字技术的结合，河北梆子这一传统戏曲形式突破了时间和空间的限制，成功吸引了更多年轻观众的关注。这一案例展示了数字技术为非物质文化遗产传承所带来的巨大潜力，同时也为其他非物质文化遗产项目的保护与发展提供了有益的经验。未来，在非物质文化遗产的传承与保护中，创造性转化和创新性发展将继续发挥重要作用，而与现代技术的深度融合也将成为推动传统文化持续发展的关键动力。

5.5 濮阳市非物质文化遗产的创造性转化和创新性发展

濮阳市作为河南省的重要文化资源聚集地，拥有丰富的非物质文化遗产资源。随着现代化进程的加速，如何在保护传统文化的基础上，推动非物质文化遗产的创造性转化和创新性发展，成为濮阳市在乡村振兴中面临的重要课题。通过产业化路径的探索，濮阳市不仅实现了非物质文化遗产项目的经济转化，还有效推动了文化传承与乡村经济发展，成为非物质文化遗产赋能乡村振兴的典范。

濮阳市的非物质文化遗产资源极为丰富，拥有聂氏麦秆画、大平调、目连戏、东北庄杂技等多项国家级非物质文化遗产项目。这些非物质文化遗产项目不仅是当地文化的重要组成部分，还通过与现代经济的深度融合，焕发出新的生命力。濮阳市在非物质文化遗产产业化的过程中，积极采用"非物质文化遗产工坊+农户"的模式，结合现代市场需求，推动非物质文化遗产项目的创新性发展，为乡村振兴注入了强大的动力。

聂氏麦秆画是濮阳市非物质文化遗产创造性转化的成功案例之一。这一传统民间工艺历史悠久，工艺精湛，以麦秆为主要材料，通过熏、蒸、漂、刮、推、烫、剪、刻、编、绘等复杂工序，最终呈现出精美细腻的艺术作品。然而，随着现代社会的发展，麦秆画的市场需求逐渐萎缩，传统手工艺的传承面临严峻挑战。为摆脱这一困境，麦秆画传承人聂远征在坚守传统技艺精髓的同时，积极推动产业化发展。他创办的濮阳市瑞丽麦秆画艺术有限公司，采用"非物质文化遗产工坊"模式，将传统手工艺与现代生产体系相结合，使麦秆画从个体制作走向规模化生产。

在这一模式下，公司不仅运用现代化工艺提升了生产效率，还为当地 50 余名农村富余劳动力和残疾人提供了就业岗位，使传统技艺真正成为助力乡村振兴的重要力量。目前，麦秆画的年产量已达 3000 余幅，年产值突破 260 万元，实现了非物质文化遗产的生产性保护，让这一文化瑰宝不仅得以传承，更成为经济增长的新引擎。

与此同时，聂氏麦秆画积极融入现代设计理念，拓展其应用场景，使传统工艺在保留艺术韵味的基础上，焕发出现代装饰功能，迎合了当代市场的审美需求。为进一步拓宽销路，聂氏麦秆画充分利用电商平台，将产品销往全国，并借助跨境电商渠道成功进入国际市场。这一线上线下融合的销售模式，不仅扩大了麦秆画的影响力，还使这一传统工艺在全球范围内得到了更广泛的认可与传播。

通过产业化升级、现代设计创新以及数字化营销，聂氏麦秆画成功走出了一条非物质文化遗产赋能乡村振兴的新路径。这一案例生动展现了非物质文化遗产在新时代的创新性发展模式，使传统工艺在传承中焕发新生，为濮阳市乃至全国的非物质文化遗产保护提供了宝贵的经验借鉴。

东北庄杂技是濮阳市非物质文化遗产创造性转化和创新性发展的又一成功典范。这一传统技艺拥有千余年历史，是中国杂技文化的重要代表之一。然而，在现代娱乐形式日益丰富的背景下，传统杂技表演的吸引力逐渐减弱，面临观众流失和市场萎缩的挑战。为摆脱这一困境，濮阳市政府整合杂技资源，积极推动"杂技+旅游"模式，将传统杂技与现代旅游产业深度融合，打造了一条独具特色的文化旅游产业链。

东北庄村围绕杂技文化开发沉浸式旅游项目，让杂技表演不再局限于剧场，而是融入乡村旅游、文化体验、演艺经济等多个领域，使其成为带动当地经济发展的核心力量。目前，东北庄村60%以上的村民直接或间接参与杂技产业，涵盖表演、道具制造、经纪管理等多个环节，形成了完整的产业链。依托这一文旅融合模式，东北庄杂技表演《水秀》成为标志性演出，每年吸引300余万游客，不仅极大提升了濮阳市的文化影响力，也为当地经济增长提供了强劲动力。

东北庄杂技的繁荣还得益于专业化人才培养体系的建立。当地创办了杂技学校，为全国各大杂技团体输送高水平专业人才。经过系统培训的学员，不仅活跃于国内外演出市场，还通过自主创业成立杂技公司，将东北庄杂技推向国际舞台，进一步拓宽了这一非物质文化遗产项目的全球化传播路径。这种教育与产业并举的模式，既确保了技艺的薪火相传，也为东北庄杂技的可持续发展奠定了坚实基础。

除了麦秆画和东北庄杂技，郭氏枣醋也是濮阳市非物质文化遗产产业化的成功典范。作为拥有300多年历史的传统食品，郭氏枣醋因其古法酿造工艺独具特色，以色泽醇厚、口感甘酸、营养丰富闻名。然而，在现代食品工业迅猛发展的背景下，传统手工酿造的枣醋面临着规模化生产受限、市场竞争激烈等挑战。为摆脱这一困境，郭氏枣醋的第六代传承人郭俊汉与第七代传承人郭建社在坚守传统工艺精髓的同时，积极探索产业化发展路径。他们不仅扩大了生产规模，使枣醋年产量提升至60吨，还通过标准化生产与品质管控，确保产品既保留传统风味，又符合现代消费者的健康需求。如今，郭氏枣醋的市场已拓展至河南、新乡、山东等多个省市，逐步实现品牌化发展。

郭氏枣醋的成功不仅得益于工艺的传承与创新，还依靠现代销售渠道的拓展。通过优化包装设计，郭氏枣醋成功提升了市场竞争力，同时借助电商平台，实现了从本地销售向全国市场的跨区域推广，进一步扩大了品牌影响力。此外，濮阳市政府大力支持非物质文化遗产的产业化发展，为郭氏枣醋等传统食品提供政策扶持和资金支持，助力其在现代市场体系中稳步发展。郭氏枣醋的产业化实践，充分展现了非物质文化遗产的市场化潜力。通过坚守传统工艺、融入现代生产模式、拓展多元化销售渠道，这一百年技艺焕发出新的生机。

濮阳市的非物质文化遗产产业化探索不仅在经济层面取得了显著成效，还在文化传承与社会效益方面收获了重要成果。通过产业化路径，濮阳市成功推动非物质文化遗产从静态文化遗存向现代经济动力的转变。这种创造性转化和创新性发展模式，让非物质文化遗产在现代社会焕发新生，不仅有效保护了珍贵的文化瑰宝，也为乡村经济的可持续发展注入了强劲动力。

濮阳市的成功案例表明，非物质文化遗产的创造性转化和创新性发展需要依托市场化、产业化的路径，结合现代技术和市场需求，在保证非物质文化遗产文化核心价值的同时，实现经济效益最大化。通过政府的政策支持、企业的积极参与和社会力量的广泛支持，濮阳市的非物质文化遗产项目不仅在市场上获得了成功，还在全球范围内提升了濮阳市的文化影响力。

未来，濮阳市将在巩固现有成果的基础上，继续推动非物质文化遗产的创造性转化和创新性发展。通过引入更多现代化技术、提升市场推广力度、加强非物质文化遗产传承人培养，濮阳

市将继续探索非物质文化遗产产业化的创新路径，确保传统文化
与现代经济的深度融合，实现乡村振兴与文化繁荣的双赢局面。

5.6《格萨尔》史诗的创造性转化和创新性发展

《格萨尔》史诗是藏族以及蒙古族等多个民族的口头传承文
学作品，被誉为"东方的《荷马史诗》"，是中国少数民族文化
的瑰宝之一。它以格萨尔王为核心，讲述了这位藏族英雄出生、
成长、征战和最终胜利的故事。史诗的内容包括英雄传奇、战
争、宗教仪式、民间风俗等多种主题，表现了藏族人民对勇敢、
智慧、正义、忠诚等价值观的崇高敬仰。《格萨尔》史诗的产生
年代无从确切考证，但据信已经有上千年的历史。由于其篇幅极
其庞大，传说它拥有超过 100 万诗行、2000 万字，成为世界上最
长的英雄史诗之一。它不仅在藏族、蒙古族、裕固族等少数民族
中广泛流传，还跨越了地理和文化界限，在印度、不丹、尼泊尔
等国的部分地区也有流传。史诗内容通过艺人们的口耳相传，在
代代相传的过程中不断丰富和发展，被认为是"活形态"的文化
遗产。

《格萨尔》史诗作为一种口传文化，主要依赖说唱艺人通过
口头讲述的形式在广大藏区和蒙古族聚居区流传。然而，随着时
代的变迁，传统的口头传承面临着严峻的挑战。随着社会生活方
式、文化娱乐形式的转变，越来越少的年轻人愿意从事说唱艺人
这一古老职业，史诗的传承方式也从单纯的口头演述逐渐向文本

化、艺术化、数字化等方向发展。为了适应现代社会的文化需求，传承与保护这一文化遗产的努力也逐渐从传统的口耳相传转向了创造性转化和创新性发展。

创造性转化是指在坚守《格萨尔》史诗文化核心和精神内涵的基础上，结合当代社会的文化特征与受众需求，运用新的表达方式、技术手段和媒介形式，使其在现代文化语境中得以延续和传播。这一过程不仅是对传统文化的传承，更是一种时代化再造的探索，赋予古老史诗全新的生命力。通过舞台艺术形式对《格萨尔》史诗的改编和演绎，已经成为《格萨尔》创造性转化的重要途径之一。1979 年，青海省玉树藏族自治州歌舞团将《格萨尔》史诗中的部分内容改编为歌舞剧《出征》，这是《格萨尔》史诗舞台艺术化的初步尝试。该剧通过戏剧与舞蹈的结合，生动再现了格萨尔王率领大军征战的恢宏场景，获得了观众的广泛好评。这部舞台作品不仅在当地引起了轰动，还在全国范围内巡演，使《格萨尔》史诗的影响力超出了传统的民族界限，得以面向更为广泛的观众群体。

此后，《格萨尔》史诗的舞台艺术化取得了更为深远的发展。例如，青海省海南藏族自治州文工团将经典篇章《霍岭之战》改编为舞台剧，进一步丰富了史诗在舞台表演中的表现力。该剧巧妙融合了现代灯光、音效与舞台美术设计，生动还原了格萨尔王浴血奋战的史诗场景，极大增强了视觉冲击力与艺术感染力，吸引了大量年轻观众的关注。特别值得一提的是，2010 年创作的舞剧《英雄格萨尔》通过舞蹈与音乐的完美融合，将格萨尔王的英雄故事呈现给更广泛的观众群体。该剧在保留藏族传统音乐和舞蹈元素的同时，巧妙运用现代舞台技术与表现手法，极大地提升了作品的艺术张力与观赏价值。这部舞剧不仅在国内多个城市成功巡演，还助力《格萨尔》文化在国际舞台上绽放光彩，成为弘扬中华优秀传统文化的重要载体。

除了舞台艺术的创新外，文化创意产品的开发也是《格萨尔》史诗创造性转化的重要途径。随着文化创意产业的蓬勃发展，文创产品逐渐成为连接传统文化与现代生活的重要桥梁。史诗中丰富的英雄形象、图腾符号与传奇故事，为文创设计提供了取之不尽的灵感源泉。在这一背景下，设计师们积极探索将《格萨尔》文化元素与现代设计理念相结合，开发出形式多样的文化创意产品，如纪念品、饰品、家居用品等。这些产品不仅兼具实用性和美观性，更通过巧妙设计，传递出《格萨尔》文化的深厚底蕴。例如，林慧敏在其研究中指出，设计者们通过从《格萨尔》史诗中提取英雄形象、图腾符号等元素，并将其转化为现代设计符号，使之能够更好地融入现代消费者的生活中。她在设计中使用了格萨尔王的形象，并结合现代时尚设计元素，开发了一系列纪念品和装饰品，受到了消费者的喜爱。通过这种设计，《格萨尔》文化得以在年轻一代中传播，并获得了新的生命力。这种将传统文化元素与现代设计相结合的做法，不仅提高了文化产品的市场价值，还增强了其在现代社会中的传播力。

文创产品开发的成功也为地方经济发展提供了新的机遇。例如，青海省海南藏族自治州通过举办"格萨尔文化旅游节"，巧妙地将文创产品推广与文化旅游相融合，吸引了大量游客。旅游节期间，游客不仅可以欣赏到精彩的说唱艺人表演，还能购买与《格萨尔》文化相关的纪念品，如藏族面具、格萨尔王雕像等。这种文化与旅游深度融合的模式，不仅有效提升了《格萨尔》文化的知名度，更为地方经济发展注入了新的动力，文创产品已成为推动《格萨尔》史诗创造性转化和创新性发展的重要载体。

《格萨尔》史诗的创新性发展在现代传播手段的广泛应用中也得到了充分体现。随着信息技术的迅猛发展，传统文化的传播方式已经不再局限于口头和书面形式，而是通过数字化和多媒体技术实现了跨越时间与空间的广泛传播。例如，通过数字化技术，研究人员能够将说唱艺人的表演内容录制并保存，从而为《格萨尔》文化的长期保存和传播提供了重要的支持。这些数字化内容不仅在国内传播，还通过互联网平台扩展到全球观众，使《格萨尔》史诗的影响力超越了地域限制。

近年来，融媒体的广泛应用也为《格萨尔》史诗的传播提供了新的可能性。例如，通过纪录片、电影、动画片等多种形式，传统的《格萨尔》史诗被赋予了新的表现形式，并在不同的媒体平台上得以传播。融媒体背景下，《格萨尔》史诗不仅通过传统的书面和口头传播，还通过影视、广播、数字平台等多种媒介，使其内容得以在更广泛的观众中传播。例如，近年来一些基于《格萨尔》史诗的动画片作品和纪录片逐渐被制作出来，吸引了大量的年轻观众。这种通过多媒体平台进行传播的方式，不仅拓

展了《格萨尔》文化的受众群体，还增强了观众的互动体验，尤
其是对于年轻一代，新的传播形式极大激发了他们对《格萨尔》
文化的兴趣和认同。

此外，《格萨尔》史诗 IP 的开发也是创新性发展的重要方向
之一。近年来，随着文化产业的发展，文化 IP 的开发成为推动传
统文化现代化传播的重要路径。通过将《格萨尔》史诗与影视、
游戏、旅游等多种产业结合，成功打造了具有商业价值的文化
IP。例如，青海、甘肃等《格萨尔》史诗流传地区通过推出以
《格萨尔》为主题的特色旅游项目，成功将这一文化遗产融入了
现代旅游产业中。在这些地区，游客不仅可以观看《格萨尔》艺
人的说唱表演，还可以参观与史诗内容相关的历史遗址，购买与
《格萨尔》文化相关的文创产品。这种文化与旅游产业的深度融
合，不仅推动了《格萨尔》文化的传播与弘扬，还为地方经济的
发展带来了显著的推动力。

《格萨尔》史诗的创造性转化和创新性发展在中华民族共同
体意识的构建中也起到了重要作用。作为中华民族的共同文化遗
产，《格萨尔》史诗通过多元的文化传播方式，在藏族、蒙古族、
裕固族等多个民族中形成了广泛的影响力。这种跨民族、跨地域
的文化传播，不仅增强了各民族之间的文化认同感，还通过《格
萨尔》史诗的广泛传播，促进了中华民族的文化融合和共同体意
识的构建。《格萨尔》史诗的创造性转化和创新性发展不仅是对
传统文化的延续和保护，更是文化创新和传播的重要实践。通过
舞台艺术、文创产品、现代传播手段和 IP 开发等多种形式，这部

古老的史诗在现代社会中焕发出新的生命力。与此同时，这些创新实践还为推动中华民族文化的传承、保护和传播提供了重要的范例。在未来，随着更多创新手段的应用，《格萨尔》史诗将在中华文化复兴进程中继续发挥重要的作用，并为中华民族共同体意识的铸牢作出更大贡献。

5.7 凤凰扎染技艺的创造性转化和创新性发展

凤凰扎染技艺，起源于湖南省湘西凤凰县，是一种具有深厚历史背景和文化价值的传统民族手工艺。其独特的工艺和美学风格使其成为湘西地区文化的重要组成部分，也是这片地域的象征之一。凤凰扎染技艺不仅展现了湘西地区的自然风光和民俗特色，也体现了当地人民的智慧和审美观念，成为当地人日常生活中的一部分。扎染的历史可以追溯到数百年前，作为一种民族传统技艺，凤凰扎染技艺在苗族、土家族等少数民族的生活中扮演着重要角色。过去，凤凰扎染技艺的作品大多应用于衣物、家居用品、床单、桌布、门帘等日常生活物品中，成为家家户户、城乡居民生活的一部分。扎染的图案和色彩多样，造型优美，展现了浓厚的地方民族风格，并且常常承载深刻的象征意义。它不仅仅是一种装饰性的技艺，还是一种文化表达，传递着深厚的民族精神与文化内涵。例如，在苗族的婚礼和祭祀仪式中，扎染布料是重要的传统装饰品，象征着吉祥和幸福。其扎染图案常常融入与自然、生活及宗教信仰相关的元素，既是对传统的敬仰，也是对美好生活的祈愿。然而，随着社会经济的迅速发展和市场需求的变化，传统的凤凰扎染技艺面临着巨大的生存压力。凤凰扎染技艺工艺的制作流程极其复杂，传统的扎染技艺要求工艺师傅在扎结、染色等环节上投入大量的时间与精力，制作一件扎染作品需要经历多道工序，且每道工序的手工技巧要求极高。这使得扎染工艺的生产速度较慢，成本较高，无法与现代化的机械生产相竞争。工业化生产的布料不仅生产速度快，价格低廉，而且能够批量生产符合大众需求的图案和款式，这使得传统手工扎染的市场需求逐渐萎缩。随着市场的变化，凤凰扎染技艺渐渐被大量机械化生产的印染产品所替代，传统的手工艺逐渐失去了市场的份额。而且，随着全球化的推进和外来文化的冲击，许多现代人，特别是年轻一代，对传统手工艺的认知逐渐减少，凤凰扎染技艺的传承面临了空前的挑战。此外，随着经济的快速发展和社会的转型，凤凰扎染技艺的传承人群也逐渐出现老龄化的问题。许多扎染技艺的传承人已经年迈，而年轻一代由于现代教育、职业选择等多方面因素，较少有人愿意从事传统手工艺的传承与创新。即使有少数年轻人愿意投身其中，由于对传统技艺的认识不足和技能的传承断层，他们面临着高门槛的工艺学习过程，缺乏系统化的教学与指导，这使得凤凰扎染技艺的传承面临严重的断层和失传的风险。因此，如何吸引更多年轻人投入到扎染技艺的传承中，如何通过现代化手段保护、传承和创新这一传统文化，已经成为一个亟待解决的社会问题。在这种背景下，如何使凤凰扎染技艺与现代社会需求相契合，成为急需解决的问题。当地政府和文化保护机构深刻认识到，传统文化的保护和传承不仅仅是历史的责任，更是推动地方经济和文化创新的动力源泉。近年来，随着国家政策对非物质文化遗产的关注不断加强，凤凰扎染通过进行创造性转化和创新性发展，使其的保护与开发迎来转机。

凤凰扎染技艺保护工作与针对湘西地区的扶贫工作进行结合，通过政府的政策支持、市场化的运作以及扎染工艺的传承，形成了一个多方共赢的"非物质文化遗产+扶贫"模式。湘西地区，由于长期受到地理和经济条件的制约，许多家庭的贫困问题较为突出。特别是在一些偏远的山区，贫困人口的技能培训和就业机会相对匮乏，导致许多家庭难以摆脱贫困。为了帮助这些贫困家庭摆脱困境，当地政府通过将凤凰扎染这一具有深厚文化底蕴的传统工艺与扶贫工作相结合，探索出一条可持续发展的新路径。在这一模式中，政府不仅对扎染产业进行资金支持，还通过一系列的扶持政策帮助当地手工艺合作社发展壮大。政府提供的资金用于购买原材料、改善生产设施，并且协助工艺人获得扎染技术的培训和提升。这些培训不仅包括传统扎染技艺的教学，还涉及市场营销、品牌建设等现代商业技能的培养，确保工艺人不仅能制作精美的扎染产品，还能了解如何推广和销售自己的作品。通过这一系列培训和资源支持，很多贫困家庭的成员得以掌握扎染这一技艺，成为专业的扎染工艺人，显著提高了生活水平，获得了稳定的收入来源，实现了经济效益与文化传承的双赢。

　　在扶贫的过程中，凤凰扎染产品不仅被用作生活用品，还成为地方文化的一部分，被推向更广泛的市场。特别是通过线上电商平台的推广，凤凰扎染技艺的市场得到了显著拓展。随着互联网的普及，许多扎染工艺品通过电商平台与全国乃至全球的消费者实现对接。这种线上销售模式与传统的线下市场相结合，为扎染产品提供了更多的曝光机会，并使得产品的销售渠道更加多元化。工艺人们可以直接通过网络平台展示他们的扎染作品，不再受到地域或季节性销售的限制，能够接触到更广泛的消费群体，甚至吸引了海外消费者的关注和购买。这种模式不仅增加了产品的销量，还提升了凤凰扎染技艺的文化价值和知名度，使其逐步走向国际市场。与此同时，许多原本依赖农业或低技能工作维持生计的贫困家庭，通过学习扎染工艺并参与生产，找到了更具发展前景和经济效益的收入来源。扎染产业的兴起，带动了相关产业的发展，包括原材料的采购、运输、包装和销售等产业链的形成，进而推动了湘西地区整体经济水平的提升。特别是扎染产品作为文化旅游的一个重要组成部分，也吸引了大量游客的目光，游客购买扎染制品不仅成为他们对地方文化认同的体现，也带来了更大的市场需求，进一步推动了地方经济的发展。

　　通过"非物质文化遗产+扶贫"的模式，凤凰扎染技艺成功突破了传统技艺的局限，实现了现代化市场运作与产业化发展的有机结合。这不仅为当地贫困家庭提供了持续的收入来源，还通过扎染这一文化产品推动了湘西文化的传播和经济的提升，成为扶贫工作中非常成功的典型案例。这种模式不仅带动了经济增长，还促进了文化的传承和创新，为贫困地区的可持续发展开辟了全新的道路。

凤凰扎染技艺通过不断创新工艺、设计、材料和市场营销，将传统的民族手工艺转化为符合现代消费需求的文化产品，实现了创造性转化和创新性发展。传承人在坚守凤凰扎染传统手工艺的文化精髓与深厚底蕴的同时，通过技术创新、工艺流程改良以及市场营销的多元化探索，为这一古老技艺注入了现代化的生命力。经过不懈努力，凤凰扎染产品不再仅仅是一件传统手工艺品，而是逐步发展为富有现代产业链、能够适应当今市场需求的文化创意产品。这一转变，使凤凰扎染摆脱了单一手工艺品的局限，进入了更为广阔的市场领域。

传统扎染工艺流程相对复杂，包含扎结、染色、晾晒等多个环节，每一道工序都需要经验丰富的工艺师投入大量的时间与精力手工完成。这种全手工制作方式赋予了每件扎染作品独一无二的艺术价值，使其在文化和审美层面受到了极大的推崇。然而，复杂的工艺流程也导致了生产效率的低下，难以满足现代市场对高效率和大规模生产的需求。因此，在追求扎染技艺产业化的过程中，如何在保留传统精髓的同时提高生产效率，成为凤凰扎染技艺传承人面临的重要课题。

随着现代科技的飞速发展，凤凰扎染技艺开启了产业化转型的探索之路，一些传统手工环节被现代化设备所替代并优化。例如，染色工艺中引入了先进的机械染色设备，使染料能够均匀渗透布料，确保了每一批次的色泽一致性，从而显著降低了因人工操作可能导致的色差问题。此外，自动化切割和烘干设备的广泛应用，不仅大幅缩短了生产周期，还大大提高了布料处理的精准度与成品质量。然而，在现代化技术的加持下，凤凰扎染仍然保留了部分极具传统特色的手工制作环节，这让扎染产品在保有独特魅力的同时，也延续了其作为传统手工艺品的艺术性与文化价值。凤凰扎染技艺的创新不仅体现在技术升级与生产流程优化上，还反映在设计表达的多样化和现代化趋势中。在传统语境下，凤凰扎染多用于生活中的服饰与家居用品，其图案和色彩通常以浓郁的地方特色和民族风情为主，表现出深厚的文化积淀。然而，随着时代的发展和消费者审美需求的不断提升，凤凰扎染已经超越了传统的局限，不再仅局限于家居布艺或民族服饰，而是逐渐融入现代时尚产业，成为新的潮流符号。许多当代设计师在继承扎染技艺核心元素的基础上，融入了现代审美元素和前卫创意，设计出了许多突破传统形式的新颖图案与产品。例如，经过重新构思的凤凰扎染图案被巧妙地应用于现代时尚单品，如T恤、连衣裙、丝巾、手袋等配饰。这些产品不仅展现了扎染艺术的本土文化魅力，同时兼具现代感与潮流气息，逐渐赢得了年轻消费者的青睐与关注。这些设计上的创新尝试，不仅拓宽了凤凰扎染的应用范围，也为其在国际时尚舞台上争得了一席之地。

除了设计创新，凤凰扎染技艺的材料也经历了显著的变革。传统的凤凰扎染工艺主要使用天然植物染料，这些染料通常来源于当地的自然植物，如板蓝根、茜草等，具有环保、天然的特点，且色彩鲜艳、染色效果独特。然而，随着环保意识的日益增强以及现代消费者对健康、安全产品需求的提升，凤凰扎染技艺逐渐转向采用无毒、环保的现代染料。这些现代染料不仅能够更好地保证色彩的稳定性，还能提高产品的安全性，同时避免了传统染料在某些情况下可能带来的副作用。此外，凤凰扎染所用的面料也发生了变化。传统的棉布逐渐被更加耐用、舒适且环保的材料所取代。例如，有机棉和环保面料的应用逐步进入扎染生产领域，这不仅顺应了现代消费者对绿色环保消费趋势的关注，也提升了扎染产品的质感与实用性。

在市场营销方面，凤凰扎染技艺的转型同样展现出了其创新性。在过去，扎染工艺品主要通过地方集市、手工艺品店铺等途径进行销售，主要服务于本地市场。然而，随着电子商务的飞速发展，扎染产品的销售渠道发生了翻天覆地的变化。许多凤凰扎染技艺传承人和相关传承合作社开始借助电商平台，如淘宝、京东、拼多多等，将扎染产品推向了全国乃至全球市场。通过线上平台，消费者能够更加便捷地浏览和购买凤凰扎染技艺作品，而不再受制于地域的限制。这一改变不仅让凤凰扎染技艺产品触及更广泛的消费群体，还打破了传统销售模式的局限，使其具备了更强的市场竞争力。另外，传承人们通过品牌化运营，借助地方文化特色，打造出具有辨识度的品牌形象。通过精准的市场定位，凤凰扎染技艺品牌能够在国内外市场中脱颖而出。例如，一些扎染工艺品不仅作为家居装饰品出现，还结合了现代文创产品的需求，推出了文创礼品、旅游纪念品等，这些产品不仅符合市场趋势，也成为当地文化的传播载体。通过旅游景区、文化活动等多种渠道，扎染不仅进入了消费者的日常生活，也逐渐成为当地文化的重要组成部分。

随着科技的进步和互联网的普及，凤凰扎染的传播方式发生了显著的变化。传统上，凤凰扎染主要依赖展览和手工艺品市场等线下渠道进行展示，这种方式虽然能够展现扎染的艺术价值，但在传播范围和受众群体上存在一定限制。然而，随着社交媒体、直播平台和短视频平台的兴起，凤凰扎染的传播途径变得更加多元化，不仅拓展了受众群体，还突破了地域的限制，使其在更广泛的市场中获得了更高的认知度。

当前，许多凤凰扎染的传承人和商家通过短视频平台（如抖音、快手）展示扎染的制作过程和产品。这些平台使得扎染技艺的传播更加生动和直观。通过视频，观众可以深入了解扎染工艺的每一个环节，从扎结、染色到晾干和整形等步骤都可以被清晰地呈现。这不仅让观众对扎染的制作过程有了更全面的认识，也激发了他们对这一传统工艺的兴趣。视频内容的分享功能使得扎染作品能够迅速传播，从而吸引更多潜在消费者的关注。与传统展示方式不同，直播平台具有高度的互动性，能与观众形成实时互动。通过直播，扎染工艺师不仅能够向观众展示扎染的制作过程，还能与观众进行即时交流，回答他们的疑问，甚至让观众参与到设计和定制过程中。例如，在一些直播活动中，观众可以选择不同的染料或图案，与主播共同探讨制作的细节。这种互动不仅增强了消费者的参与感，也使得扎染作品的设计更加贴近市场需求。直播中的即时性和互动性大大提升了观众的购买欲望，从而推动了扎染产品的销量。尤其是通过电商平台的直播带货，凤凰扎染的作品能够迅速吸引大量消费者的关注并促进销售。在直播过程中，主播会详细介绍扎染作品的制作背景、文化价值以及具体工艺，增加了产品的附加值，吸引了大量观众观看并进行购买。通过限时促销、秒杀活动等方式，扎染作品在短时间内可以获得大量订单，直播平台因此成为推广和销售的重要渠道。在某些直播带货活动中，扎染产品能够在短短几小时内完成成千上万件的销售，迅速扩大了品牌的市场知名度。

社交媒体平台如微博、微信、Instagram 等也在扎染的传播过程中发挥了重要作用。通过这些平台，扎染产品不仅能够展示其深厚的文化内涵，还能够通过图文并茂的方式吸引更多消费者的注意。例如，扎染的创新设计、独特图案和色彩组合往往成为用户分享和讨论的热点。通过社交平台的分享，扎染的艺术魅力和文化价值得到了更加广泛的传播，并逐步走向国际市场。许多国外消费者通过社交平台了解到凤凰扎染，进而产生了购买兴趣，这一过程有效提升了扎染作品在全球市场中的影响力。与此同时，线上平台的传播也推动了扎染与地方文化的结合，特别是在旅游和文化节庆活动中，扎染逐渐成为地方文化和创意产品的重要组成部分。在一些旅游景区和文化活动中，扎染技艺成为游客体验和参与的内容。通过举办扎染工作坊、文化展览和现场制作活动，游客不仅能够亲手制作扎染作品，还能够深入了解这一工艺的文化背景和技艺细节。以凤凰古城为例，当地政府和文化企业通过组织扎染文化节，不仅为游客提供了丰富的文化体验，还通过现场展示和销售，将扎染作品作为旅游纪念品进行推广，从而进一步推动了扎染工艺在全球范围内的传播和文化认同。通过线上平台与线下活动的结合，凤凰扎染成功地将传统文化与现代市场需求相对接，形成了独特的文化传播和市场营销模式。社交媒体和直播平台的兴起，使得凤凰扎染在全球范围内迅速崭露头角，突破了地域限制，吸引了不同文化背景的消费者。扎染不仅成为地方文化的象征，也成为跨文化交流的桥梁，为地方经济的发展和文化的传播提供了新的动力。

凤凰扎染技艺通过创造性转化和创新性发展，在现代化转型中成功实现了传统工艺与市场需求的融合。通过创新工艺、现代化设计、市场营销的多元化，以及"非物质文化遗产+扶贫"的结合，扎染不仅突破了地域局限，扩大了市场，还为湘西地区的文化传承和经济发展注入了新的活力。随着数字平台的推广和线上销售的拓展，凤凰扎染不仅成为地方文化的重要象征，也在全球范围内得到了广泛认同，展现了传统工艺在现代社会中的巨大潜力和生命力。

6. 存在问题

6.1 政策支持力度不足

在实际调研过程中，尽管在国家层面已经出台了一些关于非物质文化遗产保护的指导性政策，但在海南自由贸易港这一特定区域内，针对非物质文化遗产的具体政策和实施措施仍显不足且不够细化。虽然已有一些政策框架，但实际操作中，政策的实施细则往往不够明确，这导致了在具体执行时出现了诸多困难，无法有效落实和执行。这种情况不仅影响了非物质文化遗产保护的实际成效，也妨碍了相关领域的深入发展。

首先，海南自由贸易港内缺乏专门用于非物质文化遗产保护和传承的专项资金支持，很多具有潜力的非物质文化遗产项目因资金不足而无法顺利启动或持续运营。尽管政府在一定程度上对相关项目进行财政拨款，但现有的资金额度有限，远远不能满足项目的实际需求，导致很多有价值的文化遗产保护和传承工作陷入停滞。专项资金的缺失使得非物质文化遗产的保护工作面临着严重的资金短缺问题，尤其是一些需要长期投入的保护措施和活动，缺乏持续的资金保障，严重制约了项目的稳定发展和可持续性。

其次，在税收政策方面，现行的针对非物质文化遗产项目的税收优惠政策尚不完善。虽然政府为一些文化遗产项目提供了部分税收减免，但这些优惠政策在实际操作中落实不到位，未能充分发挥应有的激励作用。许多从事非物质文化遗产相关产业的企业和个人，未能享受到足够的税收减免，导致他们在经济压力上倍感困难，影响了他们对项目的投入和支持。部分税收优惠政策的执行过程中，由于相关部门对政策的理解和执行存在偏差，使得一些具有文化价值和保护潜力的项目未能及时获得税收上的支持，进一步加剧了项目执行的难度。

第三，在政策制定的过程中，存在一定的偏向短期效果的现象，缺乏系统的长期规划和部署，导致非物质文化遗产项目的可持续发展受到影响。很多政策过于注重眼前的短期目标，而忽视了非物质文化遗产的长远保护和传承需求。非物质文化遗产的保护和发展是一个长期过程，需要持续的政策支持和多方配合。然而，由于缺乏清晰的长期规划，相关政策的实施往往无法形成有效的制度性保障，无法建立起长期稳定的保护机制。政策的频繁变化也对非物质文化遗产项目的稳定发展构成了威胁。政策的不确定性导致非物质文化遗产项目的相关单位和从业人员难以适应新的政策调整，甚至在过渡过程中出现了执行困难。频繁的政策调整不仅影响了项目的连续性，也让一些文化遗产保护工作面临了不必要的中断和停滞，制约了项目的长效发展。另外，非物质文化遗产保护和发展的政策需要各个相关部门的协同合作。然而，当前各部门之间的协同机制尚不完善，文化、旅游、财政、教育等部门在非物质文化遗产的保护和管理工作中，缺乏有效的沟通和协调。各部门职责不够明确、资源共享不足，导致在政策执行过程中容易出现推诿扯皮现象，这使得政策落实的效率大打折扣。尤其是当各部门的利益存在冲突时，非物质文化遗产的保护工作往往会陷入无序状态，影响了政策的整体效果。

最后，社会力量在非物质文化遗产保护中的参与度较低，缺乏有效的政府与社会组织、企业及公众之间的互动合作机制。在非物质文化遗产的保护过程中，政府的主导作用固然重要，但社会力量的积极参与同样不可忽视。当前，政府与社会组织、企业以及公众之间的合作和互动机制尚未建立，导致许多非物质文化遗产项目未能得到社会各界的充分支持和参与。在这种情况下，非物质文化遗产的保护工作容易局限在政府部门的范围内，缺乏广泛的社会动员和支持，限制了其保护和传承的深度与广度。

6.2 非物质文化遗产教育体系建设问题

非物质文化遗产是中华文化的重要组成部分，其独特的地方性特征、集体记忆和文化体验在增强地方居民文化认同、促进社区凝聚力以及推动文化可持续传承方面发挥着不可替代的作用。作为地方文化的重要载体，非物质文化遗产不仅生动反映了特定地区的历史沿革、传统习俗和生活方式，更有助于增强民众对地域文化的认同感与归属感。海南的非物质文化遗产承载着深厚的历史底蕴与独特的文化价值，对于弘扬地方特色文化、增强文化自信以及助力海南自由贸易港建设具有重要意义。尽管海南省在推动非物质文化遗产教育方面已取得一定成效，特别是在黎族传统纺染织绣技艺文化的传承与教育方面表现突出，但当前的教育体系仍存在诸多亟待解决的问题，亟须进一步完善和优化。

首先，乡土教材的开发在系统性和科学性方面仍显不足。在海南省非物质文化遗产教育体系建设中，尽管已采取了一些积极措施，如编写《黎族民间童话教材选编》和《海南大中小非物质文化遗产教育系列教材》等地方性教材，但这些教材在内容和结构上仍存在诸多问题。调研显示，海南省教育厅认为，现有教材的编写缺乏系统性与科学性，课程指导纲要不够明确，教材内容不够完善，甚至存在缺失现象。非物质文化遗产相关教材内容零散，缺乏整体性和连贯性，导致教育过程中难以深入挖掘文化内涵，影响了教学深度与广度。此外，部分教材内容过于单一，未能全面反映海南非物质文化遗产的多样性，限制了学生对地方文化的全面理解与认知。尤其在对非物质文化遗产深层次文化价值、广泛性特征及其历史背景的阐释方面，尚未充分体现，影响了学生对非物质文化遗产的整体认知和文化理解。更为突出的是，现有非物质文化遗产教材尚未完全融入学校的课程体系，导致相关教学效果不尽如人意。尽管部分教材已被纳入海南省中小学教学体系，但整体推广的广泛性和教学实施的深度仍显不足。

在具体教学过程中，许多学校的非物质文化遗产课程内容依然较为简化，缺乏系统化的知识框架和科学的教学设计。因此，教材的系统开发和科学完善已成为当前海南非物质文化遗产教育亟须解决的关键问题。只有通过构建科学合理、内容丰富、体系完善的教材体系，才能有效推动海南非物质文化遗产教育的深入开展，真正实现文化的传承与创新。

其次，非物质文化遗产课程体系亟须进一步优化。尽管海南省在非物质文化遗产教育方面已取得一定进展，例如海南师范大学的黎族传统纺染织绣技艺项目被纳入全国优秀传统文化传承基地，一些高校也开设了与黎族传统纺染织绣技艺等非物质文化遗产相关的课程，但整体课程体系仍显单薄，尚未形成系统化、层次化的教育框架。当前，海南省在非物质文化遗产教育的推广上仍面临诸多挑战。尽管全国范围内已有 89 项美育课程，海南地区在知名在线教育平台（如中国大学 MOOC）上发布的非物质文化遗产相关课程却几乎为零。这一现象凸显了海南在利用现代信息技术推广非物质文化遗产教育方面的严重不足。线上教育平台具备广泛的影响力和传播力，是推广非物质文化遗产教育的重要渠道。然而，海南在此领域的缺失，限制了非物质文化遗产教育的传播广度与深度，削弱了更大范围内学生群体的参与度和学习热情。此外，现有的非物质文化遗产课程内容多停留在传统文化教育层面，尽管涵盖了黎族传统纺染织绣技艺等海南本土文化元素，但缺乏跨学科、跨领域的深度整合，未能有效与现代学科体系相融合。特别是在社会科学、艺术设计、文化创意产业等领域，非物质文化遗产与相关学科的结合不够紧密，课程体系未能充分发挥其文化传播、审美教育和创新能力培养等多元化的教育功能。例如，黎族传统纺染织绣技艺的创新与传承，不仅涉及传统手工技艺的保护，更需要跨学科的设计思维、现代技术的融入以及文化产业的有力支持。课程体系如果不能充分体现这种多元融合，将难以激发学生的创造性思维，限制非物质文化遗产在新时代背景下的传承与发展潜力。

第三，非物质文化遗产教育的人才队伍建设滞后。非物质文化遗产教育的有效推进不仅依赖于教材和课程体系的完善，教师队伍的建设同样至关重要。当前，海南省在非物质文化遗产教育领域的教师队伍建设尚显薄弱，教师的专业能力和教学水平亟须提升。尽管海南省已通过实施"美育浸润行动计划"和"椰苗美育计划"等政策积极推动美育教育，但在非物质文化遗产教学能力和专业素养方面，教师培养仍处于起步阶段。部分教师缺乏系统的非物质文化遗产教育培训和实践经验，对海南本土文化的历史脉络、文化内涵及技艺传承缺乏深入理解，导致非物质文化遗产教育在课堂上的传授存在浅尝辄止、形式化的倾向，影响了教学的深度和质量。此外，海南省在非物质文化遗产教育领域"双师型"教师的培养仍显不足，专业性教师资源短缺，成为制约教育质量提升的关键瓶颈。尤其是在一些偏远地区和地方学校，非物质文化遗产课程往往由外聘或兼职教师承担，缺乏稳定、系统的教学支持。这种临时性、非系统化的师资配置难以形成长效的教学机制，制约了非物质文化遗产教育的可持续发展。尽管海南省已有部分优秀的非物质文化遗产代表性传承人参与到教学工作中，弥补了部分专业教学力量的不足，但由于传统技艺本身的复杂性和传承的系统性，仅依靠外聘传承人或兼职教师难以全面覆盖教学需求。传统技艺的学习不仅需要技艺传授，更需文化理解和长期实践，缺乏系统培训和专业指导的师资力量难以满足这一要求，进而影响非物质文化遗产教育的传承深度和创新能力。

第四，非物质文化遗产教育的社会服务体系单一。目前，海南省的非物质文化遗产教育社会服务体系较为单一，未能充分满足不同层次、不同背景学生的多元需求。尽管海南省已开展了"非物质文化遗产文化进校园"等一系列活动，尤其在少数民族聚居区取得了一定成绩，非物质文化遗产文化教育得到较好落实，但整体而言，海南在美育社会服务形式上的创新依然显得不足，缺乏多样化的服务体系。具体来看，海南省的非物质文化遗产教育服务仍未充分针对不同群体的需求进行细化。比如，在城市与乡村学生、不同年龄段学生之间，缺乏具有针对性和差异化的教育内容。当前的教育形式主要集中于传统的校内活动、演出和讲座，未能有效结合产业、社区以及地方文化活动，导致服务的深度和覆盖面有限。这种单一的教育服务形式未能充分挖掘非物质文化遗产教育的潜力，也未能为学生提供更为丰富的文化体验与实践机会。海南省需要创新社会服务体系，通过与地方社区、文化产业和社会各界力量的融合，拓展服务范围，满足不同群体的需求。这样不仅能增强教育的针对性和有效性，也能提升非物质文化遗产的社会影响力和传承效果。

6.3 人才队伍建设问题

首先，海南省非物质文化遗产传承人队伍的结构失衡，年轻人参与不足是核心问题之一。海南省目前拥有 1351 名非物质文化遗产项目的传承人，但整体来看，传承人队伍的年龄结构仍然偏向老龄化，年轻人的参与积极性较低，尤其在一些传统技艺的传承中，年轻一代的缺席使得传统技艺面临后继乏人的困境。在海南省 32 个国家级非物质文化遗产项目中，仅有 19 名国家级传承人，且这一数量远远不足以支撑项目的保护和发展需求。根据海南省旅游和文化广电体育厅公共文化处的资料，19 名国家级非物质文化遗产代表性传承人中，除去已故的五位，剩余传承人的年龄跨度为 54 岁至 89 岁，整体年龄结构严重失衡。省级及以上非物质文化遗产传承人大多数出生于 1950 至 1970 年间，技艺传承面临较大的年龄瓶颈。传统技艺往往复杂且耗时，年轻人对学习和继承这些技艺的兴趣相对较低。许多人选择进入更现代化、更高收入的职业领域，导致许多优秀的非物质文化遗产项目未能培养出足够的接班人。以琼剧为例，作为海南传统戏剧的代表，琼剧拥有丰富的艺术表现形式和历史文化背景，但其演员和传承人大多年事已高，缺乏足够的年轻接班人。琼剧面临着严重的人才短缺问题。尽管琼剧的艺术形式独具魅力，但由于其技能和演出经验的积累需要多年时间，年轻人在选择这一行业时往往面临较大的经济压力，因此不愿意将其作为长期职业，这加剧了琼剧传承人队伍的老龄化。

其次，海南省的非物质文化遗产教育体系整体仍显薄弱，尤其在中青年传承人培养方面，缺乏系统性的人才培养机制。虽然海南省的部分高校和职业院校已开设了与非物质文化遗产相关的课程，但这些课程内容大多集中在传统技艺的传授上，缺乏与现代市场需求、文化创意以及产业化转化的紧密结合，导致学生毕业后难以迅速融入非物质文化遗产产业。例如，海南师范大学和海南热带海洋学院虽然开设了黎族传统纺染织绣技艺相关课程，但课程内容偏重技能训练，未能涵盖现代艺术设计、文化产业管理等方面的知识，缺乏如何将传统工艺融入现代设计和市场的教学，制约了学生创新能力和市场适应能力的培养。许多黎族传统纺染织绣技艺的传承人虽然精通传统技艺，但在如何将这些技艺转化为具有市场竞争力的产品方面，缺乏足够的创新意识和专业知识。在调研中发现，尽管海南省民族技工学校聘请了一些国家级和省级非物质文化遗产传承人授课，但整体师资力量仍显不足，影响了非物质文化遗产技艺的系统性传授。这一教育体系的缺陷导致了年轻一代的非物质文化遗产传承人不仅在技艺上缺乏深度，也在创新与市场化路径上遇到瓶颈，限制了他们的职业发展和非物质文化遗产的可持续传承。

第三，非物质文化遗产项目的创新转化和产业化发展缓慢，且缺乏创新型人才。非物质文化遗产的创新转化不仅依赖于传承人精湛的技艺传授，更需要创新型人才在设计、产品开发和市场推广等方面的努力。然而，海南的非物质文化遗产人才队伍大多

专注于传统技艺的传承，缺乏具备创造性转化和产业化发展能力
的设计和产业化人才。尽管海南省已经通过举办一系列文化活动
提升了非物质文化遗产的知名度，但在将传统技艺转化为具有市
场竞争力的现代产品方面，人才和技术的缺乏仍是制约其发展的
关键因素。以海南苗族传统刺绣蜡染技艺为例，虽然许多传承人
将精力集中在传统手工制作上，但缺乏对现代市场需求的敏感
度，这导致该技艺的市场化进程较为缓慢。尽管一些苗族刺绣手
工艺品已进入博物馆和高端市场，但由于制作周期长且单品价格
较高，始终未能形成规模化的产业链。这不仅限制了刺绣技艺的
市场认知度，还使得许多传承人面临较大的经济压力，无法通过
手工艺获得稳定收入。

第四，非物质文化遗产管理队伍的专业化水平不足，缺乏系
统化的管理能力。海南省非物质文化遗产保护管理队伍的专业化
程度较低，尤其在一些市县，非物质文化遗产管理工作仍由兼职
或非专职人员承担。这种情况导致许多非物质文化遗产项目在传
承、保护和创新过程中缺乏专业的管理，进而影响了其保护和可
持续发展的有效性。目前，海南省大多数非物质文化遗产项目都
缺乏专业化的管理体系，导致管理和实施过程中出现了诸多困
难。例如，虽然海南省部分地区已成立非物质文化遗产保护机
构，但这些机构往往没有专职的非物质文化遗产管理人员，且相
关工作人员的文化产业管理能力较弱，无法为非物质文化遗产项
目提供系统化的规划和市场化推动。以海南的"文化和旅游融合
项目"为例，非物质文化遗产保护机构本应具备跨学科的知识和

能力，但由于管理人员缺乏产业化和市场化的思维，导致许多传统文化项目未能成功转化为具有经济价值的产业。

6.4 非物质文化遗产产品品牌影响力不足

一是市场认知度低，主要表现为消费者对非物质文化遗产产品的了解和接受度较低。尽管海南省在诸如海南国际精品消费展览会、中国（海南）国际热带农产品冬季交易会等大型国际展会和交易平台上多次展示黎族传统纺染织绣技艺、黎族藤编技艺等地方传统工艺，但这些展示活动多集中在海南省内，且区域市场相对有限，导致这些技艺和产品的传播和消费范围较小。同时，消费者对这些传统工艺的价值认知不足，甚至对其制作工艺、文化背景等方面的了解较为浅薄。这种认知上的空白使得许多非物质文化遗产产品在市场上处于"知名度低、影响力小"的困境，未能获得应有的市场份额和文化认可。

二是品牌宣传力度不足。尽管海南省已通过"海南锦绣世界文化周"等文化节庆活动，开展服饰大秀、非物质文化遗产传统织绣印染技艺精品展等形式，提升非物质文化遗产产品的知名度和文化价值，但这些活动的宣传通常局限于短期集中展示，缺乏持续的品牌建设和市场化运作。这导致品牌知名度提升缓慢，缺乏长期可持续的宣传机制。零散的宣传活动使得品牌的深度渗透力不足，未能有效扩大消费者的认知范围。此外，尽管海南省已开始重视非物质文化遗产产品的品牌宣传，但整体的宣传方式和效果仍显局限，导致受众对非物质文化遗产的理解停留在表面，未能深入挖掘其背后的文化内涵和历史价值。品牌形象的塑造缺乏系统规划和持续性努力，使得非物质文化遗产产品的长期发展依赖偶发的宣传机会，而非稳定的品牌建设和跨行业、全渠道的联动效应。

三是品牌创新不足。海南非物质文化遗产产品在文化价值上具有独特的魅力，但在产品设计、成品制作和新材料应用方面，传承人的创新能力较弱，导致这些产品在现代市场中缺乏竞争力。非物质文化遗产传承人在产品的设计、成品制作和新材料应用等方面普遍缺乏创新意识和技术手段，导致这些非物质文化遗产产品未能很好地适应现代市场的需求。例如，海南省的传统工艺类非物质文化遗产传承人在产品设计和加工水平上较为传统，缺乏符合现代市场审美和消费者需求的创新元素。虽然这些传统产品在文化传承方面具有重要价值，但其外观、功能等方面的局限性使得它们难以吸引更广泛的消费者群体。这种创新能力的不足直接影响了非物质文化遗产产品的市场竞争力和吸引力。同时非物质文化遗产产品的设计和加工通常依赖传统技艺，缺乏现代工艺和材料的应用。例如，黎族传统纺染织绣的产品黎锦作为海南传统的手工织品，其生产周期长、手工制作要求高，而这些产品往往较为沉重、单一，虽然有部分较为创新的产品，但是绝大多数产品未能根据市场需求进行多样化创新。因此，非物质文化遗产产品的市场接受度较低，销售额也未能实现大幅增长，限制了非物质文化遗产文化的广泛传播和经济价值的转化。

　　四是市场推广渠道单一。传统的销售方式和渠道已经无法满足现代市场的需求，尤其是在数字化营销和电商平台的快速发展下，非物质文化遗产产品的市场推广面临着较大的瓶颈。目前，海南省的非物质文化遗产产品的市场推广主要依赖于线下的展销会、文化节庆活动等传统销售模式，缺乏对新兴电商平台和社交媒体的有效利用，导致非物质文化遗产产品的市场覆盖面和销售额较为有限。海南省通过电商平台进行黎族传统纺染织绣技艺等非物质文化遗产产品销售的尝试在近年有了起步，但市场推广效果仍然有限。由于传统销售渠道的局限性，非物质文化遗产产品的目标受众主要集中在特定的群体和场所，未能广泛覆盖到潜在的年轻消费者。电商平台的使用尚处于起步阶段，非物质文化遗产产品在这些平台上的市场渗透率和竞争力依然较低。线上推广的效果受到平台规则和市场需求的双重制约，尚未形成有效的市场扩展能力。依赖传统渠道的销售模式限制了非物质文化遗产产品的广泛传播，也使得许多潜在的消费者无法接触到这些具有文化价值的产品。在新的消费趋势下，单一的市场推广渠道使得非物质文化遗产产品难以适应快速变化的市场环境和消费者需求，限制了其发展潜力。

7. 意见和建议

7.1 细化政策措施，部署长远规划

一是针对海南自由贸易港的特殊性，制定更加细化的非物质文化遗产保护和发展政策措施，确保实施细则明确可行，便于实际操作。可以参考浙江省在细化非物质文化遗产保护政策方面的经验，浙江省通过出台《浙江省非物质文化遗产保护条例》《关于实施国家级非物质文化遗产项目"八个一"保护措施的通知》《浙江省文化改革发展"十四五"规划》等相关文件和规定，对非物质文化遗产保护工作的实施细则进行了详细规定，确保政策落实到位。制定《海南自由贸易港非物质文化遗产保护实施细则》，明确各项政策措施的具体操作流程和责任主体，提高政策的可操作性和执行力。

二是设立专门用于非物质文化遗产保护和发展的专项基金，加大财政拨款力度，确保非物质文化遗产项目有充足的资金支持。可以借鉴武汉市国企设立专注于非物质文化遗产保护的专项

基金，用于支持非物质文化遗产项目的保护、传承和发展。海南省政府可以设立"海南自由贸易港非物质文化遗产保护专项基金"，明确基金的来源、使用范围和管理办法，确保资金用于非物质文化遗产项目的实际需求。

三是完善针对非物质文化遗产项目的税收优惠政策，确保从事非物质文化遗产相关产业的企业和个人享受充分的税收减免。可以参考上海市的税收优惠政策，上海市对非物质文化遗产相关企业和个人实行优惠政策，鼓励非物质文化遗产项目的保护和发展。海南省可以出台《海南自由贸易港非物质文化遗产项目税收优惠政策》，明确非物质文化遗产项目享受的税收减免范围和条件，确保相关部门正确理解和执行政策。

四是注重长远规划与部署。在政策制定中，要将非物质文化遗产项目的中长期发展纳入整体规划，确保其可持续发展。可以参考北京市在非物质文化遗产保护方面的做法，制定《北京市推进全国文化中心建设中长期规划（2019 年—2035 年）》，明确非物质文化遗产保护目标和措施。海南省可以出台《海南自由贸易港非物质文化遗产保护中长期规划》，规划未来五年和十年的保护目标和具体措施，确保非物质文化遗产项目的持续发展。

五是建立健全非物质文化遗产保护和发展政策的部门协同合作机制，确保文化、旅游、财政、教育等相关部门之间的有效协调和合作，避免政策执行中的推诿和扯皮现象。可以参考江苏省在非物质文化遗产保护部门协同合作方面的做法，江苏省通过建立省级非物质文化遗产保护联席会议制度，促进各部门之间的协调和合作。海南省可以建立"海南自由贸易港非物质文化遗产保护联席会议制度"，定期召开联席会议，协调各部门之间的工作，确保非物质文化遗产保护政策的有效执行。

7.2 推动非物质文化遗产教育的普及和深化教育体系建设

一是开发系统性和科学性的乡土教材。海南可以借鉴广东省编写《潮汕文化读本》系列教材的做法，打造一套具有海南地方特色的非物质文化遗产教材系列。这些教材不仅要涵盖地方历史和民俗，还应深入挖掘和传承海南特有的非物质文化遗产项目，如黎族传统纺染织绣技艺、黎族剪纸艺术、黎族原始制陶技艺等，全面展示这些非物质文化遗产的历史渊源、艺术特点、文化价值和技艺传承。教材编写团队可以由专家学者、非物质文化遗产传承人等组成，共同编写《海南非物质文化遗产教育系列教材》。这一系列教材可以分为不同的学段（如小学、初中、高中、大学），根据学生的认知特点和学习需求，分层次地编写内容，确保内容的适用性和教育性。例如，小学阶段可通过故事、游戏、图片等形式生动有趣地介绍非物质文化遗产；初中阶段可以通过参与性强的手工艺课程，如黎族传统纺染织绣技艺、黎族原始制陶技艺等，让学生更直观地了解和体验非物质文化遗产文化；而在高中和大学阶段，则可以引导学生深入研究非物质文化遗产项目的传承、保护与创新等更深层次的内容。通过这样一套科学、系统、层次分明的教材，可以让学生在不同学段的学习中不断加深对非物质文化遗产的认识，培养他们的文化自信。将这些教材纳入中小学课程体系中，不仅能丰富教育内容，还能使非物质文化遗产教育成为学校教育的重要组成部分，形成持续的教学循环，推动海南传统文化的代际传承和保护。

二是优化非物质文化遗产课程体系。在当前的非物质文化遗产教育体系中，课程内容的系统性和科学性仍然不足，这主要体现在缺乏明确的课程指导纲要和标准化的教学体系。为了解决这一问题，海南应参考北京市在非物质文化遗产教育领域的成功经验，制定详细的《海南非物质文化遗产课程指导纲要》，明确各学段的教学目标和内容，确保课程的系统性和科学性。该纲要应覆盖基础教育、职业教育、高等教育以及社区教育等各个层次，确保非物质文化遗产教育能够在各个阶段得到有效实施。首先，在基础教育阶段，海南可以通过加强传统文化与学科教学的融合，增加非物质文化遗产课程的多样性与趣味性。例如，在小学阶段，通过美术、音乐、手工等课程，让学生参与到非物质文化遗产项目的制作、表演和创作中；在初中阶段，可以结合历史、地理、社会学等课程，拓宽学生对非物质文化遗产文化的认知，讲解非物质文化遗产在社会发展中的重要性，并通过学校与社区合作，组织学生参观非物质文化遗产保护基地、参加传统手工艺制作等活动，增强学生的参与感和实践感；在高中阶段，则可以通过专题讲座、研学旅行等形式，让学生深入了解非物质文化遗产文化的保护、传承与创新工作。其次，在职业教育和高等教育阶段，应将非物质文化遗产教育融入相关专业课程中，培养具备传统文化底蕴和现代创新能力的专业人才。海南可以通过开设与黎族传统纺染织绣技艺、黎族原始制陶技艺等地方传统技艺相关的专业课程，培养非物质文化遗产技艺传承和创新的高素质人才。特别是在艺术设计、工艺美术、文化产业等领域，将非物质文化遗产教育融入课程体系，有助于提升学生的综合素质，推动文化创意产业的创新发展。通过制定系统化的课程指导纲要，海南可以确保非物质文化遗产教育在各个学段、各个层次得到充分实施，并逐步形成以非物质文化遗产为核心的教育生态圈，为海南传统文化的保护、传承与创新提供坚实的基础。

三是利用在线教育平台推广非物质文化遗产课程。随着信息技术的快速发展，在线教育已成为推动教育创新的重要手段。为了扩大非物质文化遗产教育的覆盖面，海南可以充分利用中国大学 MOOC 等在线教育平台，发布与非物质文化遗产相关的课程，利用现代信息技术将海南的非物质文化遗产文化传播到更广泛的受众群体中。通过线上平台，学生不仅可以方便快捷地学习和了解海南的非物质文化遗产，还可以通过互动式课程参与其中，提升学习的积极性和参与感。例如，可以开发以"跟着非物质文化遗产走海南"为主题的在线课程，结合黎族传统纺染织绣技艺、黎族剪纸艺术、海南传统音乐等非物质文化遗产项目，让学生通过视频教学、在线互动、虚拟实习等形式，了解海南非物质文化遗产的传承故事、技艺操作以及文化内涵。同时，还可以通过在线平台开展非物质文化遗产文化的讲座、互动问答、在线展览等形式，增加学生对海南非物质文化遗产的了解和认同。此外，海南还可以通过在线平台开展跨区域、跨文化的非物质文化遗产交流活动，邀请国内外的非物质文化遗产传承人、专家学者举办线上讲座和座谈会，提升非物质文化遗产教育的全球影响力。这样的国际化交流不仅有助于推广海南非物质文化遗产，还能促进不同文化之间的相互理解与尊重，推动海南非物质文化遗产的全球传播和传承。

四是丰富美育社会服务形式，增加非物质文化遗产教育的多样性。非物质文化遗产教育不仅应限于课堂教学，更应通过丰富的社会服务形式，满足不同层次和背景学生的需求。海南可以在现有的基础上，增加非物质文化遗产教育的社会服务形式，尤其要注重将非物质文化遗产带入学生的实际生活中，让学生通过亲身体验和实践，加深对非物质文化遗产的感知与理解。可以组织开展"非物质文化遗产进校园"活动，邀请学生参与非物质文化遗产项目的制作和表演等互动体验。例如，学生可以亲自参与黎族传统纺染织绣技艺的编织、黎族传统舞蹈的表演、海南民歌的演唱等活动，通过这种沉浸式体验，不仅提升学生的实践能力，还能培养他们的艺术素养与文化自信。此外，还可以在社区和公共文化场所举办非物质文化遗产展示和体验活动，例如在海南的博物馆、文化馆等地举办非物质文化遗产文化展览，邀请非物质文化遗产传承人现场演示技艺，让公众和学生近距离接触这些独特的文化遗产。通过这种方式，能够增强文化认同感和传承责任感，进一步推动非物质文化遗产的保护和传播。

　　五是支持高等院校和职业学校设立非物质文化遗产教学与研究基地。为了培养更多非物质文化遗产领域的专业人才，海南省应鼓励高等院校和职业学校设立非物质文化遗产的教学与研究基地。例如，海南大学和海南师范大学可以依托其现有的艺术设计、工艺美术等专业资源，设立"黎锦文化传承与创新"研究中心，开展黎族传统纺染织绣技艺、苗绣等非物质文化遗产项目的深度研究和创新。海南省民族技工学校可以加强与本土非物质文化遗产企业的合作，培养黎族传统纺染织绣技艺等方面的专业人才，推动黎族传统纺染织绣技艺产业的可持续发展。通过设立这些研究和教学基地，海南能够建立起产学研结合的非物质文化遗产教育模式，不仅为非物质文化遗产的传承提供人才支持，还能促进相关文化产业的发展，推动非物质文化遗产的创造性转化和创新性发展与产业化，形成良性循环。

7.3 优化人才队伍建设

　　一是提高高水平、高能力的专兼职"双师型"教师，特别是复杂技能的教学人才，提升专业教学质量和人才培养效果。可以参考广东省在非物质文化遗产教师队伍建设方面的成功经验，通过引进国内外优秀非物质文化遗产教师、组织专业技能培训、设立教师激励机制等方式，增强师资力量。通过与国内外知名高校、研究机构及非物质文化遗产传承人合作，引进具有国际视野的非物质文化遗产教育专家，推动本地教师的专业化水平提升。

可以通过组织学术交流、讲座和工作坊等形式，邀请国内外知名的非物质文化遗产传承人、工艺美术大师进行现场教学，提升非物质文化遗产教育的教学质量。与此同时，定期组织非物质文化遗产教师的专业技能培训，帮助教师提升复杂技艺的教学能力。通过与高等院校、职业院校合作，设立非物质文化遗产教育师资培训基地，培养专业的非物质文化遗产教育人才，使教师不仅能传授传统技艺，还能将创新设计与市场化思维融入教学中。例如，海南可以与文化和旅游部、教育部等相关机构合作，定期举办非物质文化遗产教师培训班，提升教师的综合教学能力。为了激励非物质文化遗产教师的专业发展，海南省可以设立专门的教师奖励基金，对表现优秀的教师给予奖励，并为其提供进一步的学术深造和项目研究机会。通过鼓励和支持教师的创新研究，提升其在非物质文化遗产教育与市场转化中的积极性，从而促进非物质文化遗产文化的广泛传播与可持续发展。

二是创新传承人培养方式，拓宽人才培养渠道，加大中青年传承人发现和培育力度，形成合理的传承梯队，确保技艺传承不断档。首先，模仿"全国青年非物质文化遗产传承人扶持计划"，海南省可以设立专门的非物质文化遗产传承人培养基金，通过奖学金、补助和职业发展支持，吸引年轻人加入非物质文化遗产传承队伍。同时，可以为每个传承项目设立奖学金，对表现突出的年轻传承人进行资助，帮助他们提升专业技能，并激发他们的传承热情。其次，海南省应大力推广"师徒制"传承模式，鼓励经验丰富的非物质文化遗产传承人与年轻学徒结对，通过一对一指导的方式，帮助年轻人更好地掌握技艺，并在实践中不断提高。
通过举办师徒大赛或传承评选活动，鼓励非物质文化遗产传承人
与年轻传承人合作，共同推动传统技艺的传承与创新。第三，设
立年度非物质文化遗产传承人评选和表彰活动，奖励优秀的中青
年传承人，并通过媒体宣传提升他们的社会地位。这不仅能够激
励更多年轻人投身非物质文化遗产传承事业，还能营造良好的社
会氛围，吸引更多青年参与非物质文化遗产的保护与创新，确保
文化遗产的可持续传承与发展。

三是通过系统性培训提升传承人在产品设计、成品制作和新
材料应用等方面的创新能力，增强市场竞争力。首先，参考江苏
省提升云锦技艺非物质文化遗产传承人创新能力经验，海南可以
通过与设计院校和设计师合作，开展非物质文化遗产技艺创新工
作坊，帮助传承人提升设计和制作能力。课程可以重点教授如何
将传统工艺与现代时尚和市场需求相结合，围绕新材料的使用、
创新产品设计以及市场导向展开系统性教学。通过课程培训、案
例分析和设计实践，传承人不仅能提升创新思维，还能在实际制
作中融入现代设计元素，从而增强非物质文化遗产产品的市场竞
争力。其次，海南省应设立专门的非物质文化遗产产品研发平
台，支持传承人进行产品设计与创新，推动非物质文化遗产技艺
的市场化转化。该平台可以为传承人提供设计师资源、市场调
研、产品推广等全方位支持，帮助他们从产品研发到市场推广的
全过程中取得突破，提升产品的市场认知度与商业价值。通过这
种方式，海南能够有效促进非物质文化遗产产品的创新与产业

化，增强其在现代市场中的竞争力。

四是完善非物质文化遗产技艺的职业化培养体系，编写系统性的教材和课程指导纲要，增加职业资格证书和等级证书考评机制，促进非物质文化遗产人才的职业发展。借鉴上海市的经验，海南省应制定详细的课程指导纲要和教材，进一步提升职业教育的系统性和科学性。通过与高等院校和职业学校的合作，编写《海南非物质文化遗产职业教育系列教材》，并建立非物质文化遗产技艺的职业资格证书和等级证书考评机制，确保人才的培养与发展具备规范性和职业化，从而推动非物质文化遗产领域的专业人才成长。

五是各市县非物质文化遗产保护机构应设立独立编制，充实管理队伍，提升管理能力和水平，确保非物质文化遗产保护与利用工作的有效开展。借鉴四川省设立独立非物质文化遗产保护机构编制的做法，海南省可设立"海南自由贸易港非物质文化遗产保护管理中心"，专门招聘专业管理人员并提供系统化的培训和职业发展机会。通过定期开展业务培训和能力提升活动，提升管理队伍的专业性、稳定性和执行力，确保非物质文化遗产保护工作的有效实施和长远发展。

7.4 促进非物质文化遗产产品品牌建设

一是加大非物质文化遗产产品的市场宣传力度。市场宣传是提升非物质文化遗产产品认知度和接受度的关键，特别是在当今信息泛滥的时代，如何有效地将这些传统文化元素传播出去是品牌成功的首要步骤。对于海南的非物质文化遗产产品，可以通过多元化的宣传方式，吸引更多消费者的关注，并增强文化认同感。借鉴阿联酋迪拜自由贸易港的谢赫扎耶德文化遗产节（Sheikh Zayed Heritage Festival），该节日是阿联酋境内规模最大的文化展示活动，每年吸引成千上万的游客，游客通过参观文化表演、传统工艺展示等多项活动，感受到阿联酋深厚的历史文化底蕴。这种活动不仅仅是展示传统文化的窗口，更是吸引游客、促进当地文化产业发展的重要平台。对于海南的非物质文化遗产，可以设立类似的海南文化遗产节，将海南的传统工艺、民俗和文化传承集中展示出来。可以策划一系列文化展览、艺术表演和传统技艺的现场展示，介绍非物质文化遗产的历史背景、文化价值及其现代应用。例如，可以组织黎族纺染织绣技艺的专题展览，展示黎族的纺织技艺、服饰工艺及文化故事，并结合虚拟现实（VR）、音频导览、现场互动等多媒体手段，增强观众的沉浸感和参与感。通过这种形式，不仅可以生动地展示非物质文化遗产的独特魅力，还能提高公众的互动性和学习兴趣。此外，结合网络平台和社交媒体，定期发布专题宣传视频、纪录片和社交媒体推文，利用社交平台的传播效应，提升公众对非物质文化遗产产品的关注和兴趣。除了传统的节庆活动，海南还可以通过文化交流和国际合作进一步推广非物质文化遗产产品。与国际艺术节、博览会等平台合作，使海南的非物质文化遗产走出国门，提升其国际影响力。例如，参展国际文化艺术博览会或世界遗产大会，不仅能吸引外部投资，还能让更多国际受众了解海南丰富的传统文化，拓宽其全球市场。

二是制定系统性的品牌建设策略。非物质文化遗产产品的品牌建设不仅仅是表面上的营销活动，而且需要有长远规划和系统性策略，确保产品能够持续发展并具备市场竞争力。通过精心设计的品牌战略，海南的非物质文化遗产产品可以在市场中稳固立足并脱颖而出。首先，要建立一个完整的品牌体系，不仅注重产品的质量与设计，还要重视品牌故事和文化内涵的传播。例如，每一款非物质文化遗产产品可以附带一个专属故事，讲述其历史背景、工艺流程及文化意义。通过这种故事化的传播方式，产品不仅仅是一个商品，更是一个文化的载体，让消费者在购买时能够感受到文化的传递和价值的认同，从而增加他们的情感共鸣。其次，可以通过组织非物质文化遗产文化周巡回展览和演出等活动，将海南的非物质文化遗产推广到全国乃至国际市场。例如，定期在各大城市举办文化周活动，组织专家学者、艺术家和民间艺人共同参与，通过讲座、展览、表演等形式展示非物质文化遗产的魅力，并让参与者通过互动环节了解和体验传统技艺。这不仅能提升品牌的知名度，还能通过与消费者的面对面互动，拉近品牌与消费者之间的距离。此外，还可以举办专题讲座和文化沙龙，邀请专家、学者和文化名人，共同探讨非物质文化遗产的保护、创造性转化和创新性发展。参考香港自由贸易港的"非物质文化遗产专车"项目，通过移动展览和小课堂的形式，将非物质文化遗产带到海南各市县乃至全国其他省份，尤其是偏远地区。

通过将文化遗产带到不同的社区、学校和乡村，确保更多人有机会了解和接触海南的非物质文化遗产，提升公众的兴趣和认知度。结合现代新媒体宣传手段，海南还可以通过短视频、直播、社交平台互动等方式，进一步提升非物质文化遗产产品的知名度和美誉度。这样，不仅能吸引年轻一代的消费者，还能让传统文化在现代市场中焕发新生，推动非物质文化遗产的广泛传播和市场化转化。

三是提升非物质文化遗产传承人在产品设计和创新方面的能力。非物质文化遗产的现代化与市场化发展，离不开对传承人创新能力的提升。传统技艺的创新不仅仅体现在工艺本身，还体现在如何将其与现代消费者的需求和审美结合。为了让非物质文化遗产在当代社会中焕发活力，必须推动其在设计、材料和功能等方面的创新。借鉴广东省和福建省在非物质文化遗产产品创新方面的经验，海南可以合作建立创新工作坊，邀请设计院校的师生、知名设计师和工艺美术大师，共同开展非物质文化遗产技艺创新工作坊。在这些工作坊中，不仅传授传统技艺，还注重现代设计理念的融合，帮助传承人提升产品的设计感与市场竞争力。例如，如何在保留黎族传统织锦技艺的基础上，设计出适合现代消费者需求的时尚家居用品、文创商品等。通过这种方式，传承人能够在传承技艺的同时，拓展其创意与设计思维，推动传统技艺的现代转化。此外，还可以通过设立专门的设计培训班，帮助传承人更好地理解现代市场需求，并学习如何将传统工艺与现代产品设计相结合，推动非物质文化遗产产品在设计上的创新。这些培训班不仅要注重传统技艺的传承，更要与时俱进，引导传承人理解市场潮流和消费者偏好，帮助他们掌握新的设计工具和技巧，提升他们的创新能力和市场竞争力。通过这样的培训和工作坊，传承人可以在产品创新上迈出新步伐，将传统工艺与现代需求完美结合，推动非物质文化遗产的传承与创新。

四是利用电商平台和新媒体渠道进行非物质文化遗产产品的推广和销售。随着互联网的发展，电商平台已成为拓展市场、提升销售额的重要途径。非物质文化遗产产品可以借助电商平台的优势，实现广泛的市场覆盖。通过与淘宝、天猫、京东等主流电商平台的合作，建立专门的电商平台的旗舰店，将海南的非物质文化遗产产品线上展示。定期举办线上展销活动，通过平台的流量支持，吸引消费者的注意力，提升品牌曝光率。此外，直播带货已成为电商营销的热门方式，可以通过与知名主播和文化达人合作，进行非物质文化遗产产品的现场直播销售。在直播过程中，可以通过现场展示工艺制作过程、介绍文化背景和设计理念等，增强消费者的文化认同感和购买欲望。同时，利用社交媒体平台进行联动推广，借助短视频平台、微博、抖音等渠道进行病毒式传播，提升非物质文化遗产产品的市场覆盖率和销售额。结合电商平台的线上营销与传统线下展览相互配合，打造跨平台的全方位营销网络，增强品牌曝光和市场渗透力。同时，通过数字化营销手段，如精准数据分析、个性化推荐等，为消费者提供更符合其需求的产品，提高非物质文化遗产产品的市场竞争力。这种线上线下联动的营销方式，将为海南的非物质文化遗产产品开拓更广阔的市场，推动其更好地进入现代消费市场。

五是结合文化创意产业，推动跨界合作。将非物质文化遗产融入现代生活，需要打破传统思维，进行多元化、跨界别的创新与融合。通过与文化创意产业深度合作，非物质文化遗产产品不仅能在传统手工艺品的生产与销售上有所突破，更能在创新应用上大放异彩。例如，将非物质文化遗产元素巧妙融入时尚设计，让传统纹样与现代服饰碰撞出新的时尚火花；或将非物质文化遗产工艺融入家居用品，让传统韵味在家居空间中流淌；甚至可以与电影、电视剧合作，将非物质文化遗产元素融入影视作品的道具设计中，让更多观众通过荧幕了解传统文化。这种跨界合作，不仅能为非物质文化遗产产品开拓更广阔的市场，也能推动传统文化与现代创意的深度融合，提升其在现代社会中的文化地位和商业价值。此外，还可以通过数字化转型，利用现代科技记录非物质文化遗产的制作过程，建立非物质文化遗产数据库，实现非物质文化遗产资源的数字化保护和传承。加强非物质文化遗产的品牌建设，提高非物质文化遗产产品的市场竞争力，通过举办非物质文化遗产展览、开展非物质文化遗产文化节等活动，加大对非物质文化遗产的宣传推广力度，让更多人了解非物质文化遗产、爱上非物质文化遗产。通过多维度的品牌建设与市场推广，非物质文化遗产产品不仅能在文化领域获得更高的认同，还能在市场中展现出更强的生命力和竞争力，推动传统工艺走向更加广阔的发展前景。

8. 研究总结与展望

8.1 研究总结

本研究立足海南自由贸易港建设的时代背景，全面考察了海南省非物质文化遗产在创造性转化和创新性发展方面的现状。通过对海南省非物质文化遗产的系统性调研、梳理、归纳和综合评价，深入揭示了海南非物质文化遗产在经济、社会和文化等多维度所蕴含的价值。研究方法上，综合运用了文献研究、田野调查、焦点小组访谈、案例分析和比较分析等多种研究手段，力求获取翔实可靠的第一手资料，从而形成对海南非物质文化遗产保护与创新发展更为系统和深刻的认知与理解。

8.2 研究展望

尽管本研究已经对海南自由贸易港建设中非物质文化遗产创造性转化和创新性发展进行了深入探讨，但仍有诸多方面值得进一步拓展和研究：

首先，可以针对不同非物质文化遗产类别进行更细致的分析，深入探讨其在创新发展中的表现和特点。由于不同类型的非物质文化遗产可能面临不同的挑战和机遇，因此深入研究有助于更好地制定具有针对性的保护和发展策略。

其次，可以进一步探讨非物质文化遗产创新发展与地方特色文化的互动关系。海南作为一个多元文化地区，各市县都拥有独特的非物质文化遗产，如何在创新发展中充分展现地方特色，并通过地方特色文化来丰富非物质文化遗产内容，是一个值得深入研究的课题。

此外，还可以将海南自由贸易港建设中的非物质文化遗产创新发展与文化产业发展紧密结合。通过深入研究非物质文化遗产创新发展对文化产业的促进作用，探讨如何通过非物质文化遗产的创新来推动文化产业的发展，这将是一个有价值的研究方向。

最后，从国际视野出发进行比较研究也具有重要意义。可以选取其他国家或地区类似的自由贸易港建设案例，比较它们在非物质文化遗产创新发展方面的经验和成效，从而为海南自由贸易港的文化建设提供更广泛的借鉴。

8.3 结论

综上所述，海南自由贸易港建设中的非物质文化遗产创造性转化和创新性发展具有重要的文化意义和广阔的发展前景。通过充分利用现代科技和创新策略，将非物质文化遗产保护与创新发展有机结合，不仅能够实现传统文化的传承与复兴，还能促进其可持续发展。本研究为海南自由贸易港的文化建设提供了有益的思路和启示，也为类似背景下的其他地区提供了参考和借鉴。期待未来，海南自由贸易港的非物质文化遗产创新发展能够取得更加丰硕的成果，为海南的文化繁荣和国际影响力的提升作出积极贡献。

参考文献

［1］白庚胜．非物质文化遗产保护工作手册［M］．贵州民族出版社，2022．

［2］曹晓路，王崇敏．建设自由贸易港的国际经验与海南路径［J］．国际贸易，2020（4）：8．

［3］陈小蓉．中国体育非物质文化遗产．海南卷［M］．甘肃教育出版社，2019．

［4］陈燕秀．海南自由贸易港视阈下工笔花鸟画创作审美认知探究［J］．中国教育学刊，2024（1）：F0003．

［5］陈子华，李嘉欣，王振波．黔东南民族文化生态保护区非物质文化遗产的生态响应和环境秩序［J］．地理科学，2024，44（03）：502-512．

［6］陈子慧．海南自由贸易港背景下琼崖红色文化的发展路径分析［J］．农村经济与科技，2021，32（11）：323-325．

［7］崔凡．海南自贸港建设的崭新蓝图［J］．中国外汇，2020，（13）：14-18．

［8］邓琼飞.海南非物质文化遗产影视开发的途径［J］.出版广角,2016（12）:3.

［9］范玉娟.非物质文化遗产的旅游开发研究［D］.上海师范大学,2007.

［10］范雨涛,刘汉文.论学校教育与非物质文化遗产的传承与传播——以羌族传统音乐学校教育为例［J］.西南民族大学学报:人文社会科学版,2018,39（8）:6.

［11］飞龙.国外保护非物质文化遗产的现状［J］.文艺理论与批评,2005（6）:59-66.

［12］费安玲.非物质文化遗产法律保护的基本思考［J］.江西社会科学,2006（5）:5.

［13］冯建章,刘柯兰.人与海洋的共生:海南非物质文化遗产的文化基因与保护研究［J］.中国非物质文化遗产,2022（04）:79-85.

［14］符桂花.海南黎族传统工艺［M］.海南出版社,2013.

［15］符桂花.黎族传统工艺［M］.海南出版社,2011.

［16］符跃兰.海南黎锦文化遗产保护与传承研究［M］.中国纺织出版社有限公司,2020.

［17］符皑滢.琼剧的非物质文化遗产价值及保护探讨［D］.重庆师范大学,2019.

［18］葛红兵,冯汝常.海南自贸试验区（港）公共文化服务创新研究［J］.科学发展,2019（11）:55-64.

［19］郭庆宾,马梦瑶,程叶青.海南自由贸易港城乡融合

发展水平的时空特征及其驱动机理［J］. 经济地理，2024，44（12）：62-71.

　　［20］韩营彪.3D 技术在海南非物质文化遗产创新数字化保护与推广中的应用研究——以海南龙塘雕刻艺术为例［J］. 新美域，2022（06）：98-100.

　　［21］何星亮. 非物质文化遗产的保护与民族文化现代化［J］. 中南民族大学学报（人文社会科学版），2005.

　　［22］贺学君. 关于非物质文化遗产保护的理论思考［J］. 江西社会科学，2005.

　　［23］胡光辉. 为建设具有世界影响力的中国特色自由贸易港提供有力法治保障［J］. 中国人大，2022（12）：42-43.

　　［24］黄晚. 视觉艺术在非物质文化遗产保护与创新中的应用［J］. 时代报告（奔流），2023（6）：66-68.

　　［25］黄永林，余召臣. 技术视角下非物质文化遗产的发展向度与创新表达［J］. 宁夏社会科学，2022（3）：198-206.

　　［26］贾鸿皓，刘中强. 中国民族体育非物质文化遗产的未来［J］. 文化产业，2023（35）：130-132.

　　［27］贾鸿雁. 论我国非物质文化遗产的保护性旅游开发［J］. 改革与战略，2007，023（011）：119-122.

　　［28］焦勇勤，孙海兰. 自由贸易港背景下海南国家对外文化贸易基地建设研究——基于新结构经济学的视角［J］. 海南大学学报（人文社会科学版），2021，39（04）：85-92.

　　［29］加小双，李宜芳，谭悦. 数字记忆视域下非物质文化

遗产的保护与传承研究［J］. 山西档案，2019.

［30］蒋茜. 浅探非物质文化遗产在文化产业中的发展特征［J］. 遗产与保护研究，2018，3（1）：2.

［31］康婕，林婷，邓青. 海南自由贸易港背景下财务管理人才培养研究——以校企"双主体育人"模式为例［J］. 中国市场，2022（18）：142-144.

［32］孔清溪. 自信与彷徨：老字号品牌文化传承研究［M］. 中国市场出版社，2020.

［33］蓝庆新，韩萌，马蕊. 从国际自由贸易港发展经验看我国自由贸易港建设［J］. 管理现代化，2019，39（2）：5.

［34］李佳珊，赵鉴. 加强地方立法保护非物质文化遗产——以海南为例［J］. 云南行政学院学报，2013，15（6）：2.

［35］李清资. 海南少数民族音乐的"非物质文化遗产"保护论略——以琼中黎族民歌为例［J］. 人民音乐，2010.

［36］李清资. 海南少数民族音乐的"非物质文化遗产"保护论略——以琼中黎族民歌为例［J］. 人民音乐，2010（6）：51-53.

［37］李夏."互联网+"视域下中华民族非物质文化遗产保护与传承研究［J］. 包装工程，2018，39（22）：92-96.

［38］李炎，王佳. 非物质文化遗产传承与保护发展［M］. 清华大学出版社，2023.

［39］李优娜."农业+非遗+旅游"融合发展模式分析［J］. 中国农业资源与区划，2024，45（05）：154+168.

［40］李子. 海南省乡土非物质文化遗产在高中历史教学中

的运用［D］. 西南大学，2022.

[41] 林开耀. 黎族织锦研究［M］. 海南出版公司，2011.

[42] 林毅红. 艺·道·技：黎锦传统工艺文化与数字化保护研究［M］. 中国社会科学出版社，2019.

[43] 刘魁立. 非物质文化遗产保护的回望与思考［J］. 中国非物质文化遗产，2020（1）.

[44] 刘魁立. 非物质文化遗产及其保护的整体性原则［J］. 广西师范学院学报，2004.

[45] 刘魁立. 论全球化背景下的中国非物质文化遗产保护［J］. 河南社会科学，2007，015（001）：25-34.

[46] 刘静江，陈悦悦. 大数据时代背景下非物质文化遗产数字化保护意义探析［J］. 度假旅游，2018（3）：3.

[47] 刘锡诚. 非物质文化遗产保护的中国道路［M］. 文化艺术出版社，2016.

[48] 刘锡诚. 非物质文化遗产：理论与实践［M］. 学苑出版社，2009.

[49] 刘锡诚. 非物质文化遗产的文化性质问题［J］. 西北民族研究，2005（1）：11.

[50] 刘云刚，刘玄宇，王宇渠. 基于"点—轴系统"理论的海南自由贸易港发展战略探讨［J］. 地理学报，2024，79（12）：3050-3062.

[51] 龙叶先. 非物质文化遗产"生产性保护"的哲学研究［M］. 人民出版社，2021.

[52] 吕建昌，廖菲. 非物质文化遗产概念的国际认同 [J]. 上海大学学报（社会科学版），2007，（02）：103-107.

[53] 罗文雄. 黎族传统织锦工艺的传承性保护研究 [D]. 中南民族大学，2019.

[54] 麻国庆，朱伟. 文化人类学与非物质文化遗产 [M]. 三联书店，2018.

[55] 马越. 景德镇非物质文化遗产档案式保护研究 [D]. 景德镇陶瓷大学，2019.

[56] 聂惠敏，董德龙，赵妍. 传统体育非物质文化遗产的保护：动因与策略 [J]. 北京体育大学学报，2018，41（6）：6.

[57] 潘娴，冯静. 海南黎族非物质文化遗产的动画发展 [J]. 艺术品鉴，2019（12）：102-103.

[58] 庞珂. 黎锦图案集 [M]. 岭南美术出版社，2010.

[59] 齐强军等. 少数民族非物质文化遗产保护问题研究 法学理论 [M]. 中国法制出版社，2022.

[60] 钱小萍，沈芝娴，方婷玉. 黎锦的结构与织造工艺及其龙被刺绣技法研究 [J]. 丝绸，2021，58（11）：4.

[61] 祁庆富. 论非物质文化遗产保护中的传承及传承人 [J]. 西北民族研究，2006（3）：11.

[62] 乔晓光. 非物质文化遗产与大学教育和民族文化资源整合 [J]. 美术研究，2003（1）：7.

[63] 省人大常委会法工委省旅文厅. 健全保护传承制度，提升保护传承水平推动海南非遗创造性转化和创新性发展 [N].

海南日报，2022-06-07（A08）.

［64］孙海兰，焦勇勤．符号与记忆：黎族织锦文化研究
［M］．上海大学出版社，2012.

［65］孙志慧．非物质文化遗产在旅游产品开发中的引入思
考［J］．艺术科技，2017，30（11）：117.

［66］田学军．非物质文化遗产创新发展研究——以南京云
锦为例［J］．服饰导刊，2018.

［67］王加华，张士闪编．非物质文化遗产保护：中国经验
［M］．齐鲁书社，2023.

［68］王惠平．加快建设具有世界影响力的中国特色自由贸
易港要做到"四个新"［J］．今日海南，2022（05）：24-25.

［69］王俊杰．景德镇手工制瓷技艺非遗展示空间设计研究
［D］．景德镇陶瓷大学，2023.

［70］王昆强，闫广芬．自贸区（港）背景建设下海南高校
科技创新研究［J］．科学管理研究，2019.

［71］王文章．非物质文化遗产概论（第4版）［M］．高等
教育出版社，2023.

［72］王文章．非物质文化遗产概论［M］．文化艺术出版
社，2006.

［73］王月月，段勇．从遗产到资源：传统手工艺类非遗的
乡村角色研究——以贵州省为例［J］．东南文化，2022，（05）：
19-25.

［74］王元．文化产业视角下民族文化遗产的活化保护与发

展——基于海南黎族地区的探讨［J］. 中华文化论坛，2013
（6）：5.

［75］王红英. 非物质文化遗产在乡村振兴中的多元价值
［J］. 人民论坛，2018（7）：2.

［76］谢舒弋. 景德镇手工制瓷技艺传承历史与影响机制研
究［D］. 南昌大学，2023.

［77］许栋樑，任珊，王智薇. 文化传承视角下非遗技艺的
数字化保护与创新体系构建［J］. 家具与室内装饰，2024，31
（02）：12-17.

［78］杨程，毛慧娟. 传统手工艺与文创设计协同发展研究
现状及趋势［J］. 包装工程，2023，44（12）：213-222+234.

［79］杨丽，徐力. 虚拟现实技术在非物质文化遗产传承中
的应用研究——以海南黎族制陶为例［J］. 陶瓷，2023（01）：
185-187.

［80］尹艳冰，马涛. 纺织类非物质文化遗产保护与开发概
论［M］. 中国纺织出版社有限公司，2021.

［81］张爱琴. 我国少数民族非物质文化遗产学校教育传承
的政策分析［J］. 民族教育研究，2010（1）：5.

［82］张东徽. 体育非物质文化遗产的保护，传承与发展
［M］. 化学工业出版社，2021.

［83］张红梅. 海南黎族原始制陶技艺保存至今的原因探究
［J］. 陶瓷学报，2016，37（2）：4.

［84］张举文. 非物质文化遗产与中国文化的自愈机制［J］.

民俗研究，2018（1）：12.

［85］张毅．论非物质文化遗产传统工艺项目的传承与创新
［J］．文化遗产，2020（01）．

［86］张毅，袁新文，张贺，等．保护好中华民族精神生生
不息的根脉［N］．人民日报，2022-03-20（01）．

［87］郑士有．非物质文化遗产保护沉思录［M］．上海远东
出版社，2021.

［88］郑艺．景德镇文旅融合创新发展实践的案例研究
［D］．江西财经大学，2022.

［89］周林兴，殷名，黄玉婧，等．"两创"视阈下非遗档
案资源建设的逻辑理路［J］．北京档案，2024，（05）：14-19.

［90］周之润，李霞，桂峰兰．非遗文化传承与发展研究
［M］．中国书籍出版社，2024.

［91］朱福林．世界现代自由贸易港现状、发展趋势与经验
借鉴［J］．兰州学刊，2018（11）：10.

［92］Alivizatou M. Intangible Heritage and Participation：
Encounters with Safeguarding Practices［M］．Routledge，2021.

［93］Alivizatou M. Intangible Heritage and the Museum
［M］．2016.

［94］Davis P，et al. Safeguarding Intangible Cultural Heritage
［M］．Boydell & Brewer，2012.

［95］Harrison M，Hong W，Lam S，et al. The promise of
China's free trade zones-the case of Hainan［J］．Asian Education and

Development Studies, 2020, 9 (3): 297-308.

[96] Meissner M. Intangible Cultural Heritage and Sustainable Development [M]. Springer International Publishing, 2021.

[97] Pistola T, et al. Creating Immersive Experiences Based on Intangible Cultural Heritage [C] //2021 IEEE International Conference on Intelligent Reality (ICIR), 2021.

[98] RANDALL J. The future of Island Studies and Hainan [C] //Islands Economic Cooperation Forum. 247.

[99] Ubertazzi B. Intangible Cultural Heritage, Sustainable Development and Intellectual Property: International and European Perspectives [M]. Springer Nature, 2022.

[100] Miyazaki D. The Great Buddha Project: Modeling Cultural Heritage Through Observation [M]. Springer US, 2000.

[101] Deacon H, Dondolo W L, Mrubata M, et al. The Subtle Power of Intangible Heritage: Legal and Financial Instruments for Safeguarding Intangible Heritage [M]. HSRC Publishers, 2004.

[102] Ruggles, Fairchild D, Silverman, et al. Intangible Heritage Embodied [M]. Springer New York, 2009.

[103] Francioni E B F. The 1972 World Heritage Convention [M]. Oxford University Press, 2008.

[104] Kapchan D. Cultural Heritage in Transit [M]. University of Pennsylvania Press, 2014.

[105] Jigyasu R. The Intangible Dimension of Urban Heritage

［M］. John Wiley & Sons, Ltd, 2014.

［106］Mckercher B. Tourism as a Catalyst for Crafts: Pros and Cons ［M］. 2008.

［107］Ioannides M, Fink E, Moropoulou A, et al. Digital Heritage. Progress in Cultural Heritage: Documentation, Preservation, and Protection ［M］. Springer International Publishing, 2014.

［108］Whatley S. Materiality, Immateriality and the Dancing Body: The Challenge of the Inter in the Preservation of Intangible Cultural Heritage ［M］. Palgrave Macmillan UK, 2015.

［109］Blake J S L I L. Safeguarding Intangible Cultural Heritage: Challenges and Approaches: A Collection of Essays ［M］. Institute of Art and Law, 2007.

［110］Bahauddin A, Abdullah A, Maliki N Z, et al. The Malay Cultural Heritage Interpretation of Light: The Art of Spirit ［M］. 2014.

［111］Perivoliotis M. Cultural Heritage and Textile Education ［M］. 2014.

［112］Silva F V D. Archeology of Intangible Heritage ［M］. 2008.

附录

海南省非物质文化遗产规定

（2022 年 5 月 31 日海南省第六届人民代表大会常务委员会
第三十六次会议通过）

第一条　为了加强非物质文化遗产保护，传承海南历史文脉，弘扬中华优秀传统文化，根据《中华人民共和国非物质文化遗产法》，结合本省实际，制定本规定。

第二条　本规定所称非物质文化遗产，是指各族人民世代相传并视为其文化遗产组成部分的各种传统文化表现形式，以及与传统文化表现形式相关的实物和场所。包括：

（一）琼侨歌谣等传统口头文学以及作为其载体的语言；

（二）琼剧、儋州调声、临高渔歌、崖州民歌、黎族民歌、苗族民歌、海南八音器乐、黎族竹木器乐、黎族打柴舞、苗族盘皇舞、海南椰雕等传统戏剧、音乐、舞蹈、美术；

（三）黎族传统纺染织绣技艺、苗族传统刺绣蜡染技艺、东坡笠屐制作技艺、黎族船型屋营造技艺等传统技艺；

（四）南海航道更路经、黎族苗族三月三节等传统民俗；

（五）黎族传统体育与游艺活动等传统体育和游艺；

（六）其他非物质文化遗产。

属于非物质文化遗产组成部分的实物和场所，凡属文物的，适用文物保护法律、法规的有关规定。

第三条 县级以上人民政府应当将非物质文化遗产保护工作纳入本级国民经济和社会发展规划；建立非物质文化遗产保护工作协调机制，解决工作中的重大问题；将非物质文化遗产相关工作经费列入本级财政预算；加强非物质文化遗产保护工作专业队伍建设，完善人才培养机制。

第四条 县级以上人民政府旅游和文化主管部门负责本行政区域内非物质文化遗产的保护工作。

县级以上人民政府发展改革、自然资源和规划、农业农村、商务、科技、财政、教育、人力资源和社会保障、卫生健康、民族、住房城乡建设、市场监管、乡村振兴、知识产权等有关部门在各自职责范围内，做好非物质文化遗产保护相关工作。

乡镇人民政府、街道办事处配合做好本辖区内的非物质文化遗产保护工作。

村（居）民委员会协助当地人民政府做好非物质文化遗产保护工作。

第五条 县级以上人民政府应当建立和公布本级非物质文化

遗产代表性项目名录，并可以从本级名录中向上一级人民政府旅游和文化主管部门推荐符合列入上一级名录的项目。

县级以上人民政府旅游和文化主管部门应当加强对少数民族文化、东坡文化、海瑞廉洁文化等体现中华民族优秀传统，具有历史、文学、艺术、科学价值的非物质文化遗产进行调查，并提出列入本级代表性项目名录的建议。

代表性项目不能以活态形式存续或者无法传承的，县级以上人民政府旅游和文化主管部门应当及时组织记录该项目的核心内容和独到技艺，经专家论证确实无法存续的，报请本级人民政府批准后将其退出名录，并向社会公布。

第六条　县级以上人民政府旅游和文化主管部门应当会同有关部门组织制定保护规划，根据非物质文化遗产代表性项目的属性、特点以及存续状况，实行分类保护：

（一）对濒临消失、活态传承困难的代表性项目，应当优先安排保护经费，记录并保存其内容、表现形式、技艺流程，收集相关资料和实物，保护相关场所及遗迹，提供和改善传承场所及其他传承条件，采取特殊措施培养传承人，实行抢救性保护；

（二）对具有生产性技艺和社会需求，能够借助生产、流通、销售等手段转化为文化产品和服务的代表性项目，应当采取扶持生产性保护示范基地建设、扩大传承人队伍、支持提高产品设计制作水平和品质、协助宣传、展示、推介产品和服务等措施，实行生产性保护；

（三）对代表性项目集中、特色鲜明、形式和内涵保持完整的特定区域，可以设立文化生态保护区，建设非物质文化遗产特色村镇、街区，或者结合热带雨林国家公园、传统村落、少数民族特色村寨、历史文化名城名镇名村保护，对代表性项目及其所依存的自然和人文生态环境实行区域性整体保护，在政策、资金等方面予以扶持。

第七条　县级以上人民政府旅游和文化主管部门应当按照国家和本省有关规定确定和公布代表性项目保护单位，并通过补助、奖励等方式予以支持。鼓励有条件的企业事业单位、社会组织申请成为代表性项目的保护单位。

县级以上人民政府旅游和文化主管部门应当按照国家和本省有关规定认定和公布代表性传承人、代表性传承团体（群体），并通过提供必要的场所、保护补助费用和支持代表性传承人参与社会性公益活动、支持代表性传承人申报专业技术职称、人才认定等方式予以扶持。

代表性项目保护单位、代表性传承人、代表性传承团体（群体）依照国家和本省有关规定享有相应的权利，承担相应的保护义务。

第八条　县级以上人民政府旅游和文化主管部门应当定期对本级代表性项目的保护情况进行评估，并向社会公开评估结果，评估结果作为奖惩依据。

项目保护单位、代表性传承人或者代表性传承团体（群体）存在下列情形之一的，由原认定部门取消其项目保护单位、代表性传承人或者代表性传承团体（群体）资格，向社会公布，并可以重新认定：

（一）无正当理由不履行规定义务的；

（二）因保护不力、保护措施不当或者违反合理利用原则，导致代表性项目存续状况恶化或者失去真实性的；

（三）违反法律法规造成恶劣影响的。

代表性传承人丧失传承能力的，原认定部门可以授予其名誉传承人称号，并重新认定代表性传承人。

第九条　鼓励和支持举办、参加国内外非物质文化遗产宣传、展示、传播和交流活动，加强与香港特别行政区、澳门特别行政区和台湾地区以及"一带一路"沿线国家和地区非物质文化遗产保护的研究、交流与合作。

鼓励和支持华侨华人参与非物质文化遗产传承、传播、宣传和推广，加强对琼剧等起源于本省且在境外传承的非物质文化遗产的研究、交流和合作，创新合作模式，联合打造特色文化品牌。

县级以上人民政府应当结合文化和自然遗产日、欢乐节、传统节庆等活动以及博鳌亚洲论坛、中国国际消费品博览会、海南岛国际电影节等国际活动，通过搭建文化数据服务平台、推行多语言交互新型数字化体验等方式，对非物质文化遗产进行宣传、展示、传播和交流。

省和相关市、县、自治县人民政府及有关部门应当履行联合国教科文组织《保护非物质文化遗产公约》，采取扩大原材料种植生产基地和传承体验设施建设、扩大传承人群、扶持产业发展等措施，加强对黎族传统纺染织绣技艺的保护和传承。

第十条 县级以上人民政府应当将具有海南特色、适宜普及推广的传统音乐、舞蹈、戏剧、体育等代表性项目纳入公共文化服务目录；将传统体育、游艺代表性项目纳入全民健身活动；推动非物质文化遗产融入社区建设，打造社区特色文化。

县级以上人民政府相关主管部门应当统筹本地的国有剧场资源，通过免费或者低收费等方式，支持传统音乐、舞蹈、戏剧等代表性项目展示展演。

第十一条 省人民政府和有条件的市、县、自治县人民政府应当建立完善集传承、体验、教育、培训、旅游等功能于一体的非物质文化遗产馆、博物馆、传承体验中心（所、点）等传承体验设施，运用现代科技手段对非物质文化遗产进行创新展示。

鼓励公民、法人和其他组织兴办非物质文化遗产专题馆、博物馆、展览馆和传习馆（所）等传承体验设施。县级以上人民政府应当采取定向资助、贷款贴息等政策措施予以支持。

第十二条 县级以上人民政府旅游和文化、教育、人力资源和社会保障主管部门应当采取下列措施，培养非物质文化遗产传承人和后继人才：

（一）组织代表性传承人、后继人才及相关从业者等参加相关研习和培训；

（二）支持高等院校、职业学校建立非物质文化遗产教学、研究基地，设置相关专业和课程，对就学人员按照规定给予资助；

（三）支持项目保护单位、代表性传承人或团体（群体）参与非物质文化遗产知识教育和实践活动；

（四）引导公民、法人和其他组织参与非物质文化遗产教育培训。

第十三条　支持合理利用非物质文化遗产，打造具有海南特色的文化品牌。

鼓励公民、法人和其他组织合理利用非物质文化遗产创作开发动漫、游戏、演艺、影视、艺术品、文化创意产品等特色文化产品和服务。

鼓励公民、法人和其他组织合理开发利用传统美术、传统技艺、中药炮制及其他传统工艺，促进传统工艺的传承与振兴。支持符合条件的传统工艺企业申报中华老字号和海南老字号，支持将中华老字号和海南老字号中符合条件的传统技艺申报非物质文化遗产代表性项目。

鼓励公民、法人和其他组织充分利用海南自由贸易港贸易自由便利等政策优势，拓展国际市场，开展非物质文化遗产相关产品和服务跨境贸易。

第十四条 县级以上人民政府应当结合国际旅游消费中心建设，推动非物质文化遗产与旅游融合发展。推进非物质文化遗产有机融入景区、度假区、公园、酒店、商场；支持利用非物质文化遗产传承体验设施，培育旅游体验基地；鼓励开发具有非物质文化遗产特色的主题旅游线路、研学旅游产品和演艺作品。

第十五条 县级以上人民政府应当结合乡村振兴战略，依托区域内独具特色的非物质文化遗产，支持设立非物质文化遗产就业工坊、合作社、家庭工场等，推动乡村地区传统工艺振兴，发展乡村特色文化体育产业、乡村旅游，建设文明乡村。

第十六条 县级以上人民政府及有关部门应当对合理利用代表性项目的公民、法人和其他组织，在场所提供、宣传推介、产品销售等方面予以支持，按照国家和本省有关规定保障其在税收、行政事业性收费等方面所享受的优惠政策和待遇，并可以根据工作需要采购非物质文化遗产相关产品和服务。

鼓励和引导金融机构通过创新金融产品等方式，为开发利用代表性项目提供金融支持。

第十七条 县级以上人民政府旅游和文化主管部门应当会同

有关部门支持、指导非物质文化遗产项目保护单位、代表性传承人、代表性传承团体（群体）等，将涉及知识产权的传统手工技艺、生产工具、艺术表现形式等申请专利、注册商标、申报地理标志和著作权登记。

支持非物质文化遗产相关行业组织依法为项目保护单位、代表性传承人、代表性传承团体（群体）的知识产权保护提供指导、咨询、信息等服务。

第十八条 本规定自 2022 年 7 月 1 日起施行。

后 记

　　本报告对海南自由贸易港建设过程中，非物质文化遗产的创造性转化和创新性发展进行了全面而深入的探讨。非物质文化遗产作为海南地方文化的重要组成部分，不仅是当地社会历史的见证，更是海南文化身份和地方特色的关键体现。在海南自由贸易港政策的推动下，非物质文化遗产的保护与创新转化已成为推动海南经济社会发展、文化繁荣以及文化产业发展的重要动力源。本研究从多角度剖析了海南如何在现代化进程中保护和转化非物质文化遗产，同时探索了这一过程中的挑战与机遇。作为一名在海南出生长大的孩子，这本书对我而言有着非凡的意义。海南作为一个文化多样性丰富的地方，拥有悠久的传统文化与丰富的非物质文化遗产。这些文化财富不仅是我们在海南生长的海南人世代相传的根基，也是我们身份认同的核心。通过本书的研究，我更加深刻地感受到保护与创新非物质文化遗产的重要性，也更加自豪地认识到海南文化的独特价值。在海南自由贸易港建设的进程中，海南文化的创新与传承将对未来产生深远的影响，这让我对海南的未来充满了信心与期待。我要特别感谢本报告中的所有非物质文化遗产方面的传承人、专家学者和实践者，感谢你们提供了宝贵的意见和真实的案例。感谢相关政府部门、文化机构以及行业专家，感谢你们在本研究过程中提供的宝贵数据、信息和案例分析。你们的实践经验为这份报告提供了重要的支持，使报告更加深入和全面。

海南省作为一个具有多元民族文化的地方，黎族、苗族、回族等民族的非物质文化遗产构成了海南文化的根基。黎族传统纺染织绣技艺、儋州调声、传统的民俗节庆等，都有着悠久的历史和独特的艺术价值。海南的这些非物质文化遗产不仅是传统文化的代表，也是海南人民日常生活的一部分，承载着独特的文化意义与历史记忆。随着海南自由贸易港建设的不断推进，非物质文化遗产在现代化的浪潮中面临着既要保护又要创新的双重任务。因此，本研究通过具体案例的分析，揭示了非物质文化遗产的现代转化路径以及创新模式。

海南在非物质文化遗产创造性转化和创新性发展的过程中，尤以文化创意产业和数字技术的引入为突出亮点。传统的黎锦编织工艺通过与现代时尚设计的结合，赋予了黎锦新的生命力，不仅让黎锦成为海南旅游产品的文化名片，也在全球范围内引起了广泛关注。数字化手段的应用进一步推动了传统手工艺的传承与创新。例如，黎族传统技艺的数字化记录与传播，不仅为年轻一代提供了学习传统文化的途径，也通过线上平台的展示，使得这些技艺得到了更加广泛的传播。此外，传统节庆活动，如黎族的

"三月三"节庆，结合现代文化创意与旅游业的需求，成功吸引了大量游客，成为文化旅游的亮点之一。

然而，在这一创新发展的过程中，海南非物质文化遗产保护与转化面临的挑战依然存在。首先，海南在非物质文化遗产的政策支持方面尚显不足，尤其是在资金、技术、人才等资源的投入上，仍然有待进一步加强。虽然海南政府已出台了一些政策，但在具体实施过程中，政策的执行力度和实际效果还需要加强。特别是在文化遗产的数字化转化、创意产业的培育和非物质文化遗产的全球化传播等方面，亟待政策层面的更多支持。其次，非物质文化遗产的教育体系尚未形成有效的全社会认知和传承机制。尽管一些高等院校已开设相关专业，但非物质文化遗产的普及教育依然局限于特定领域和群体，尤其在中小学教育中，传统文化的教育内容尚显薄弱。如何让年轻一代更好地理解并参与到非物质文化遗产的保护与创新中，是一个值得深思的问题。

在文化创意产业方面，海南的非物质文化遗产尚未形成强大的品牌影响力。虽然海南的文化产业近年来取得了一定进展，但相比其他具有全球影响力的文化产业中心，海南的文化创意产品在国际市场上的竞争力仍然不足。海南非物质文化遗产的创意产品多停留在地方性的层面，如何提升其国际化水平，进军更大的市场，并融入全球文化交流与合作体系，是亟须解决的问题。此外，海南非物质文化遗产的创意转化不仅仅是单纯的文化产业化，它还需要与旅游产业、教育产业、科技产业等其他行业进行深度融合，形成多产业协同发展的局面。

因此，本研究提出了几项重要的政策建议和实践路径。首先，政府应进一步加大对非物质文化遗产保护与创造性转化和创新性发展的政策支持力度，特别是在资金、技术、人才等方面的投入，推动文化创意产业和非物质文化遗产保护的双向发展。加强对文化产业的规范管理，推动地方文化与现代市场需求的深度融合，促进传统文化与现代消费趋势的契合。其次，教育体系应进一步完善非物质文化遗产的教育与传承机制。在中小学阶段加强传统文化教育，特别是非物质文化遗产的相关课程设置，培养孩子们对传统文化的兴趣与认同；同时，在高等教育中加大对非物质文化遗产相关学科的支持力度，鼓励学生深入研究与创新非物质文化遗产保护方法。除此之外，海南还应加强文化产业人才的培养，为非物质文化遗产的创造性转化和创新性发展提供更加专业的创意人才和管理人才。

在国际化推广方面，海南应当借助自贸港的政策优势，提升其非物质文化遗产的全球知名度与影响力。通过文化交流项目、国际展览、海外市场开拓等方式，向世界展示海南独特的非物质文化遗产和创意产业产品，同时吸引更多国际投资与合作。通过建立跨国文化产业合作平台，推动海南非物质文化遗产在全球范围内的传播与发展。展望未来，海南非物质文化遗产的保护与创新转化将进入一个更加多元化、国际化的阶段。随着世界文化遗产保护理念的深入人心，海南有望成为世界文化遗产创新转化的典范。通过充分发挥海南自由贸易港政策的优势，结合文化创意产业、数字技术、国际化视野等多方面的创新，海南的非物质文化遗产将不仅在国内市场上占据一席之地，更有望成为世界文化遗产交流的重要组成部分。

海南非物质文化遗产的保护与创新转化不仅是对传统文化的延续，更是新时代文化自信的体现。海南作为中国文化多样性的重要代表之一，如何在现代化浪潮中将传统文化融入新的社会发展格局中，如何在文化与经济之间找到最佳平衡点，是我们需要不断探索的问题。通过本研究的探讨和总结，希望为海南乃至全国范围内的非物质文化遗产保护与创新发展提供宝贵的经验与可行的政策建议。

总之，本研究为海南非物质文化遗产的创造性转化和创新性发展提供了理论支持、政策建议与实践路径，希望能够为海南自由贸易港建设提供有益的文化动力与创新资源。我相信，海南将在未来的文化创新和全球文化交流中发挥更加重要的作用，成为展示中国传统文化和文化创新的亮丽名片。